JN083105

学びと成長の講話シリーズ▶第3巻

溝上慎一 Shinichi Mizokami

社会に生きる個性

自己と他者・拡張的パーソナリティ・エージェンシー

東信堂

はじめに

本書は、「学びと成長の講話シリーズ」第3巻である。私が中学校・高校や大学の学校現場に関わって、彼らの教育実践から考えたこと、感じたことを自由に論じ、教育実践を見ていくための視点を理論的・概念的に説くものである。第1巻は『アクティブラーニング型授業の基本形と生徒の身体性』、第2巻は『学習とパーソナリティ―「あの子はおとなしいけど成績はいいんですよね！」をどう見るか―』と題して刊行した。

第3巻の第1章では、近年の教育改革や文科省施策で求められる教育実践を俯瞰する視座として「自己と他者の観点」を説く。かなり抽象度を上げて論じることになるが、ここまで理解の水準を上げるからこそ、アクティブラーニングにおけるペア・グループワーク、発表、主体的な学び、対話的な学び、リフレクション（振り返り）、探究的な学習が同じ土俵で理解されるものとなり、今求められている教育実践の先の見通しもよくなってくる。

第2章では、自己と他者の観点に時間と空間の観点を加え、拡張的パーソナリティの問題として生徒の学びと成長を論じる。拡張的パーソナリティは、生徒の学びと成長を未来や社会に拡げて、自己と他者の観点よりももっと大きく議論することを可能にする概念である。第1章の多くの議論が、どちらかといえば一回、一回の学習場面が自己と他者の観点からどのように理解されるかを論じるものとすれば、第2章は、その一回、一回の場面を積み重ねて形成される人の認知・行動・感情における一貫した行動パターンから、生徒の学びと成長を論じるものである。

第3章では、エージェンシーの観点から生徒の学びと成長を論じる。最近、専門家の間や教育イベントの中で、OECDが提示した「学習者のエージェンシー」を取り上げることが増えている。まずこの「学習者のエージェンシー」がいかなるものかを紹介し、それが第2章で取り上げた時間・空間的な拡張的パーソナリティの表れたものであると考えられることを論じる。さらに、エージェンシーを一般的な論として発展させ、近接概念としてよく取り上げられる自己効力感やアイデンティティー型エージェンシー、自己決定理論、自己関連づけ・自己生成の概念をエージェンシーの観点から関連づける作業をおこなう。

第4章は、教育雑考として自由に論じる章としている。とくに、本書の題にもした第3節の「社会に生きる個性を育てる」は、言わば本書のまとめのような章となっている。自己と他者、拡張的パーソナリティとエージェンシーから教育実践、生徒の学びと成長を論じてきて、この論がどこに向かうのかと考えていたところ、出てきたのはこの「社会に生きる個性」であった。私はこれまで無自覚的に「個性(化)」という用語をときどき用いて論じてきたが、それには意味があったのかと、正直驚いた。しかも、学生時代によく聞いてきた一九八〇年代の個性教育が、こんなところに繫がってくるのかと感動すら覚えた。書店でふつうに見られる平凡な『社会に生きる個性』というこの題目に込めている、理論的・実践的な歴史的重みを感じ取っていただければ幸いである。

本書は理論的・概念的な論が中心となり、とくに実践的な教育関係者には難解と感じられる部分が多くあるかもしれない。しかし、昨今の教育改革や文科省施策で求められる教育実践は、たとえ平易な言葉遣いや文章で書かれていても、実質はこの水準で説かれているものである。教育実践を理論的・概念的に見て取る視座や理解がなければ、実践の善し悪しを判断することはできない。あるとき偶然うまくいった実践をもう一度実現できないということも起こる。「活動あって学びなし」のように、理論的・概念的に理解することなく活動だけをまねても、期待する学びにうまく至らないのは当然の帰結である。その意味で、抽象度の高い理論的・概念的な議論であっても、本書が想定しているのは実践的な発展である。現場で実践する教育関係者に読んでいただければ幸いである。

本書のお断りである。

本書でいうところの学校現場の多くは中学校・高校である。それは私がこの三、四年中学校や高校の現場にもっとも多く足を運んでいて、問題意識や関心の多くがそこで作られているからである。

このような事情から、本書で議論する多くの内容が中学校や高校での教育や学習についてであることをまずお断りしておく。

しかし、私は大学教育改革の一環として、学びと成長やアクティブラーニング、キャリア教育、学校から仕事・社会へのトランジション(移行)を二〇年考え、研究として、実践として取り組んできた。だから、中学校や高校の教育を対象に議論していても、大学教育に繋げられるところは繋げて議論をしている。また、中学校・高校の教育を議論しているだけの場合でも、そこでの議論は多少翻訳する必要はあるだろうが、大学教育の知見としても受け取ってもらえるものと考えている。

厳密には、学校種によって「(大)学生」「生徒」「児童」といった呼称の使い分けがなされるべきであるが、章によっては小学校と高校、ひいては大学も含めて同時に議論するような箇所もあり、表現が難しい。本書の多くの議論は中学校や高校に向けてなされているものであることから、基本的に「生徒」と表現し、内容によって「児童生徒」「生徒学生」「学生」等と表現することとする。うまく読み取ってほしい。

「学び」「学習」の使い分けも実際なかなか難しいが、基本的には「学習」を用いている。「主体的・対話的で深い学び」に代表される施策用語や連語(「学びと成長」「学び合い」等)はこの限りではない。

本書は、学びと成長の講話シリーズ第3巻となる。私一人の頭で論を展開しているので、本書の議論の前提となる論は、すでに第1巻、第2巻で論じていることもある。要約的な復習はするものの、詳細は第1巻、第2巻に戻って理解していただく方がいい。文中では、「講話シリーズ第1巻[1]」「講話シリーズ第2巻[2]」と表記していく。

理論や概念の説明は年月が経っており、微修正が重ねられている。最新の説明は、本書で紹介する学校や教師の実践も含めて、私のウェブサイト「溝上慎一の教育論」(http://smizok.net/education/)に掲載している。併せてお読みいただければ幸いである。

注

1　講話シリーズ第1巻（溝上，2018a）を参照。

2　講話シリーズ第2巻（溝上，2018b）を参照。

コロナ禍での「予測困難な社会」の体験を教訓としたい

深刻なコロナ禍を受けて、多くの学校では学びや活動が止まってしまった。社会は「子供たちの学びを止めるな！」と連呼したが、残念なことに多くは止まってしまった。

コロナ禍の中で私たちが求められたものの多くは、まさに二〇三〇年（以降）の社会で求められると考えてきたものであった。本書の議論はこの前提でなされている。文科省は二〇三〇年（以降）の社会を「予測困難な社会」とも説いてきたが、それが早々と現実のものとなったのである。

生徒の学びが止まってしまった原因のすべてを、生徒や教員の予測困難な社会を生き抜く力が足りなかったからだと言えるわけではない。しかし、このような中で、学びを止めないようにと奮闘した生徒や教員、学校はたしかに存在した。彼らは、予測困難な社会を生き抜く力を示したのである。後は、この体験を日本全体で共有し、アフターコロナにおける教育的取り組みに繋げていくことである。

コロナ禍のために、三月に予定していた本書の刊行は二ヶ月遅れてしまった。本書の論に影響はないが、加えて「予測困難な社会」の体験を受けたアフターコロナの学校教育を考える視座とも位置づけて本書をお読みいただければ幸いである。引き続き学校関係者と、未来に向けてではなく、今まさに直面している問題や課題だらけの社会を力強く生き抜くための教育を共に実践していきたい。

二〇二〇年五月二八日

目次／社会に生きる個性——自己と他者・拡張的パーソナリティ・エージェンシー——（学びと成長の講話シリーズ3）

学びと成長の講話シリーズ3

社会に生きる個性――自己と他者・拡張的パーソナリティ・エージェンシー

第1章 自己と他者の観点から見る学びと成長

本章では、現代の教育改革で推進が求められる教育実践を理解する視座として「自己と他者の観点」を説く。総じて抽象度の高い議論になるが、この水準から俯瞰して理解できると、アクティブラーニングにおけるペア・グループワーク、発表、主体的な学び、対話的な学び、リフレクション（振り返り）が同じ土俵で理解されるものとなり、今おこなわれている教育実践の先の見通しがよくなってくる。

1　人の発達において他者理解は自己理解に先立つ

鏡の前に立ち自身を見て、「俺ってださいな」「私って美しいな」と思うとする。自己像を思い描く状況である。しかし、このような一人で自己像を思い描く状況においてさえ、その自己像の根底には他者がいることが多い。それは、美の価値基準が自身固有のものではなく、他者から学習したものだからである。ここで言う「他者」は、特定の他者から一般的な他者までを含む。一般的な他者は、社会や文化におけるさまざまな他者をより一般化した他者であり、他者と称しながらも集合的な特徴を持っている[3]。

人は誕生以来、同じ社会や文化に住む多くの人びと(他者)が、どのような顔を美しい、醜いと見るかという見方や価値基準を学習して育つ。学術的に言えば、集団の声を我がもの化(内面化)して人は育つ。この集団の声をフレーム(色眼鏡)として自身を見る結果が「俺ってださいな」「私って美しいな」である。それは、「あの子はださいな」「あの人は美しいな」と、他者を評するかのようなものである。

人の発達において他者理解は自己理解に先立つとされる。人は生まれていきなり、自己を対象化して理解できるわけではない。はじめは、他者からの働きかけ、他者の声かけや声のトーンなどに、生来的な本能で積極的に関わり、微笑む、笑う、泣くなどの快・不快の感情を表現する。やがて他者の行為や微妙な表情の差異などを手がかりに、他者の心(意図・信念)を推測するようになる。他者は自身に何を求めているのか、何をすると他者は褒めてくれ何をすると怒るのか、他者は何を考えているのかなど。一歳前後から共同注意や社会的参照など、他者の心を推測する発達が見られるようになり、四歳頃になるとその基盤がおおよそ成立してくると考えられている。心理学で「心の理論」の発達と呼ばれるものでもある[4]。

　他者の心を推測（理解）するフレームが育ってくると、やがて人は、その他者を理解するフレームを自身に向けて自己を理解し始めると考えられている[5]。一般的には二歳頃のことである。たとえば「○○君は男の子だ」「○○ちゃんは背が低い」といった、他者を理解するフレームを自身に向けて、「自分は男の子だ」「自分は背が低い」といった自己像を抱くようになる。言葉で自己像を表現するようになるのは、言葉や知能が発達してくる四～五歳あたりの幼児期であるが、ジェンダーの自己像（自身が男の子なのか女の子なのか）なら三歳頃でも認められると報告されている[6]。

　他者理解が自己理解に先立つとは、他者がいなければ、あるいは他者を理解できなければ自己を十分に理解することができないことを示唆する。「自分は背が高い／低い」という自己理解（自己像）を得るためには、背が高い人から低い人まで他者をさまざまに理解し、その他者理解の眼差し（フレーム）を自身に向けて他者と比較し、「自分は背が高い／低い」と相対的に特徴づけなければならない。もちろん、このような作業は幼少期、児童期には無自覚的になされることが多いが、青年期以降になるとかなりの程度自覚的になされることもあり、「私とは何者か」のアイデンティティの問題にまで発展することがある。自覚的であれ無自覚的であれ、他者なくして自己なしである。

2　免疫システムにおける自己と非自己

自己は人だけでなく、人以外の生命体の一個存在にも用いられる概念である。生命体の免疫システムの例は、人の一個存在としての自己を理解するのに良いアナロジーになるので、紹介しておく。生命体は、体内に細菌やウィルスなどの病原体が侵入したとき、それに抵抗して排除し生体を防御するというシステムを持っている。免疫システムと呼ばれるものである。免疫がうまく働かず、病原体に突破されて体内に侵入されてしまうと、病原体は体内で増殖して感染した状態、いわゆる病気となる。免疫は、細胞・組織・器官が複雑に連係して機構化され、生体の生命を守る最前線の防御システムとなっている。

免疫の働きで重要なのは、体内に入り込んだ物質が生体の生命を脅かさない「自己分子」なのか、生命を脅かす細菌やウィルスといった病原体などの「非自己分子」なのかを峻別することである。非自己分子と見なされれば、それは異物の体内への侵入となり、防御システムを作動させることになる。

生命体が自己と非自己を峻別するシステムを機構化しているということは、生命体の細胞・組織・器官の連係だった機構の各所に、自己と非自己の境界を明確に持っていることを意味する。体内に物質が入り込んだとき、その物質を「内」（自己）に取り込んでいいものか、「外」（非自己）に排除しなければならないかの内外（うちそと）がはっきりしているということである。

免疫システムは、自己とは何かを理解するのにきわめてわかりやすいポイントを私たちに提供してくれる。それは、異物の進入（非自己）があってこそ生命体の自己が問題になるということである。つまり、非自己があるからこそ、自己という一個存在がクローズアップされる。異物の侵入がなければ、生命体の自己を語る必然さえなく、自己と非自己の境界という概念を説く必要もなくなる。

3　自己とは――他者との対峙を通して発現する一個存在

人の一個存在としての自己を論じるためには異物の進入が必要である。人にとって異物に相当するのは「他者」であり、異物の侵入に相当するのは「他者との対峙（他者性）」である。

たとえば、スポーツの大会で力のある選手に完敗して、「この人はすごいなあ。自分はこの人にはかなわない」と思うとする。ここに、他者（力のある選手）と対峙して発現する自己（この選手にはかなわない自分）を見て取ることができる。他者との対峙があってこそ、人はその他者に対しての自身（自己）を良くも悪くも発現させる。この他者を通して発現する一個存在こそが「自己」と呼ばれるものである。

「1」で述べたように、人の発達において他者理解は自己理解に先立つ。

生まれて二歳になる頃までは、いくら他者に関わっても他者の理解を発展させても、それで自己が発現するわけではない。なぜなら、その他者理解から自己認識に繋げるまでの主体の認知機能が十分に発達していないからである。他者を理解する認知機能がある程度発達してきて、その他者を理解する眼差しを自身に向けられるようになってはじめて、自己の一個存在は発現するのである。「自己の芽生え」とも呼ばれる。一般的には、自己の発現は二歳前後とされる。

しかし、自己が発現しても、その自己を質的に理解するには表象[7]や言語の発達が必要であり、自己の芽生えからさらに数年を要する。

W・デーモンとD・ハート[8]は、幼児期から青年期にかけての自己像の特徴を発達的に整理している。自己像とは、自身について思い描くイメージのことであり、このイメージを思い描いたりそれを言葉で表現したりするには、今述べた表象や言語の力の発達が必要である。

デーモンらによれば、幼児期や児童期前期に主として形成されるのは、「私は背が高い」「ぼくは怪獣の絵本をもっている」といった身体的特性あるいはものの所有を中心とした自己像である。それらを「身体的自己」としてまとめるならば、児童期中期および後期には他者に関連した能力を指す「行動的自己」が、青年期前期には社会—人格的特徴を指す「社会的自己」が、青年期後期には信念の体系、個人的な哲学、自分自身の思考プロセスを指す「心理的自己」が主として形成される。[9]

4　自己の二つの働き――自他分別と再帰

自己（self）の働きには、"I myself think that…（私自身はこう思う）"という「自他分別」の強意と、"I think about myself（私は自身のことを考える）"という「再帰」の2種類がある[10]。

自他分別としての自己は、"I think that…"と言えば文意が伝わるところを、あえて"I myself think that"と言うときに用いられる。そこには、「他の人はどうか知らないが、この私一身に関していうならば」という、他とは区別して自身の一個存在をクローズアップさせる、良くも悪くもそれ自体という自他分別の強調がある[11]。自己主張も同じである。単に「主張」と言えばいいところを「自己主張」ということがある。その手前には、「他者の考えを認めながらも（自己主張する）」といったように、自他分別の強意がある。これに対して再帰的な自己は、メタ認知[12]やリフレクション（省察・反省）のように、動作の対象が動作をおこなう者自身であることを示すときに用いられる。要は、自分が自分を対象にして認識することである。

人の発達を理論的に見ると、他者を理解する認知機能が生後九ヶ月頃から発達し始め、二歳頃になると、その他者を理解する眼差し（フレーム）を自身に向けることで自己を発現させる、自己は芽生えると考えられている。しかし、「他者を理解する眼差しを自身に向ける」プロセスには、少なくとも二つの自己の機能が同時に働くようになって、自己が発現すると理解されねばならない。その二つの機能こそが、自他分別と再帰の機能である。

「他者を理解する眼差しを自身に向けて」というのは、言い換えれば、他者に向けていたその眼差しの中で、他者と比べての自身なるもの、あるいは他者と相対する自身なるものがふっと気になり始める状況を指す。この状況は自他分別の働きで理解されるものである。他方で、仮に自他分別の働きをもって自身がクローズアップされても、そのクローズアップされた自身を再帰的に（自分で自分を）捉えるという働きが起こらないと、自己を認識することはできない。他者との対峙を契機としながらも（自他分別）、それを再帰的に捉えるプロセスを併せ持ってはじめて自己は認識されると考えられる。

もちろん、自他分別の働きで自身を再帰的に捉える、自己を認識すると言っても、言語やメタ認知[13]の能力が十分に発達していない幼児期には、言語化されない、ぼんやりとした自己のイメージを抱くにとどまることが多い。自己認識が、先のデーモンらがまとめるような自己像（身体的自己・行動的自己・社会的自己・心理的自己）として表現されるようになるには、四〜五歳（幼児期）から児童期、さらには言語やメタ認知などの能力がさらに発達してくるそれ以降の発達期を待たねばならない。

5　自己と他者の観点から近年の学習論を理解する

自己と他者の観点は、人の発達における生物的なメカニズムを基礎とした観点である。他者は自己の基礎であり必要条件である。他者なしに自己は発現せず、成長もしない。他者を基礎にすれば必ず自己が成長するとは限らないが、自己を成長させたければ他者を求めるしかない。これらは、人の成長・発達の理屈抜きの公理である。

他者を理解するフレーム（眼差し）を発達させ、その他者フレームで自身を捉えるという自己のメカニズムは、教育実践的にはとても大変なメカニズムを示唆している。というのも、主体的な学びやリフレクション（振り返り）、探究的な学習など、近年実践が求められる自己主導型の学習が、他者を源泉とするとも言えるからである。言い換えれば、他者との関係性が弱い生徒は自己主導型の学習が弱い、自己主導型の学習がなされているように見える場合でもそれが成長に繋がりにくい、と言えることにもなる。他者の力を借りることなく、他者のフレームなしに、己の世界だけで埋没的に学習を律したり主導したりすることは難しい。これこそが、前述してきた自己と他者の観点が示唆するポイントである。

また、アクティブラーニングにおけるペア・グループワークは、表立っては他者との話し合い活動であるが、そのような他者との話し合い活動がある一定の条件を満たす形でなされれば、それが自身(自己)の知識・理解を発展し深めることにもなる。これも自己と他者の観点が示唆するポイントである。

このように理解できれば、近年さまざまに提唱される学習論の多くが、自己と他者の観点で理解されるものであることがわかってくるはずである。以下、具体的に見ていこう。

6 講義一辺倒の授業における学習においてさえ他者は組み込まれている

ペア・グループワークだけが他者を組み込んだ学習ではない。講義における「聴く」という伝統的な学習形態においてさえ、そこには他者が組み込まれている。

古く支配階級の子弟が、家庭教師をつけられて一対一で学習をしていた状況を想像してみるとよい。知識は家庭教師から教えられる。しかし、他の子弟はその知識を理解できているのか、どのように学んでいるのか、何もわからない。もちろん、家庭教師から教えられない知識や考えにどのようなものがあるのかもわからない。家庭教師との一対一の関係で生じることがすべてである。

講義では、生徒は教師の話を聴いて受け身で学習しているように見える。しかし、教室を見渡してみると、熱心に聴いている生徒、ぼうっと聴いている生徒、寝ている生徒など、さまざまな生徒

図表１　さまざまな他者との関係の中で講義を受けている
福田周作教諭（［神奈川県私立］桐蔭学園中等教育学校）（地理　中等１年生）

がいる。他の生徒に比べて自身は熱心な生徒なのか、中くらいなのか、いい加減な生徒なのかといった自身の学習態度を、知らず知らずに特徴づけている。比較する他の生徒がいない家庭教師との一対一の学習では、自身の学習を特徴づけることはできない。

休み時間や学校生活まで拡げてマクロ的に見るなら、クラスメートとの会話の中で、「あの先生の授業は〜」「講義を聞いて〜を考えた」などと、講義の中で感じたこと、考えたことが話し合われる。テスト結果の返却は、自身が講義内容を理解できているか、できていないかをフィードバックされるだけでなく、同じ講義を受けるクラスメートの中で、自身の理解や教科学力が相対的にどの程度のものなのかも明示的・暗示的にフィードバックされる。

講義一辺倒の授業の中でさえ、生徒の学習は他者との関係の中で営まれている。マクロ的に日々の学校生活まで拡げて見ると、生徒はもっと自身の学習を他の生徒と比較して特徴づけている。他者なしの家庭教師との一対一の学習状況では起こりえないものである。

7　学習プロセスに他者を組み込む――ペア・グループワークはなぜ求められるのか

文科省の施策は、アクティブラーニングにせよ主体的・対話的で深い学びにせよ、高校・大学を念頭に置いて、いわゆるチョーク&トークによる講義一辺倒の授業を脱却して、生徒主体のアクティブな活動であるペア・グループワーク、発表などを学習プロセスに組み込むように求めている[14]。そのポイントは、第一に学習に生徒主体のアクティブな活動を入れることであり、第二にその活動の中にできるだけ他者を組み込むことである。ペア・グループワーク、発表を単なる生徒主体の活動と見なすだけでなく、他者と関わる、他者を巻き込む「他者との活動」とも見なしていくのがポイントである。

なぜ学習プロセスに他者が必要なのだろうか。講義に組み込まれた他者とどのように違うのだろ

図表2　ペア・グループワークの場面

(左) 中藤辰哉教諭 ([大阪府私立] 清教学園中・高等学校) (現代文　高校2年生)
(右) 杉山裕也教諭 ([静岡県] 沼津市立沼津高等学校) (公民　高校1年生)
※いずれも授業実践は、「溝上慎一の教育論」(http://smizok.net/education/) の AL 関連の実践で紹介している

うか。

講義一辺倒の授業で、他の生徒と比較して自身の学習を特徴づけると言っても、それは外観でわかる程度の比較・特徴づけでしかない。休み時間に講義内容について考えること、感じることを話し合うと言っても、「難しかった」「だるかった」などの全体的な印象ばかりで、学習の内容に踏み込んだものとはならないことが多い。「○○先生おもしろい」「うざい」「そうだよね」などと、教師の評価をし合っているだけかもしれない。それさえない生徒も多くいるだろう。

学習プロセスに他者を組み込む、ペア・グループワーク、発表などを組み込むことは、すべての生徒が、学習の内容に関する他者の理解や考えに触れ、相対的に自身の理解や考えを特徴づける、発展させることを目指すものである。他者との活動は自他の相違（ズレ）を生み出す。自身の考えや理解をグループで発表する。他の生徒の考えや理解を聞く。「なるほど」と納得する場合もあるだろうが、「そういう考えもあるか。思い浮かばなかったな」「その考えは違うんじゃないか」といったように、自他の相違が生じることも少なくない。

「4」までの説明をふまえれば、自他の相違(ズレ)は、他者との対峙(他者性)によって一個存在としての自己が発現する状況に相等しい。他者性は、自身にとって異物として感じられるもの、言わば「違和感」である。違和感は自己と他者とのズレである。違和感の源泉となる他者から、「おまえはどうなのだ」と問いかけられる状況でもある。他者との活動は、このような自他の相違から学習を発展させる。

もちろん、他者と活動すれば必ず違和感を覚えるわけではない。違和感を覚えるほどの他者との対峙、この意味での他者性こそが自身(自己)を発現させ、さらには自他の相違をつくり出すのである。だから、「5」で「ある一定の条件を満たす形で(ペア・グループワークが)なされれば(自身の知識・理解が発展し深まるだろう)」と条件つきで述べたのである。

他者性を生じさせる他者との活動が重要である。この観点でグループワークの課題を考えてみると、課題は誰もが同じ考え、回答になるようなものでは不十分である。自他の相違が生じないという意味で、課題が悪いということである。他方で、誰もが答えられない、どの回答も異なっていて、人の数だけ回答があるような課題もよくない。

目安としては、同じ課題に取り組み、グループの半分は同じ回答になり、他の半分は異なる回答になる、そのような自他の相違をつくり出す課題が望ましい。言うは易く行うは難しであるが、このようなポイントの実現を目指さないと、いわゆる「活動あって学びなし」のグループワークとなってしまう。「一定の条件を満たす」のは容易ではない。

自他の相違（ズレ）をつくり出せれば、次の取り組みはそのズレをなくすことである。他者と対決しズレをなくすことで自己を成長・発展させることができる[15]。

実践的にもっとも難度の高い箇所はここかもしれない。生徒がズレをつくり出した他者と対決しようと努力し、ズレをなくそうとするかどうかは、生徒の態度や動機に大きく依存するからである。他者性を生じさせる課題づくりは、教師の努力と経験でなんとかできるかもしれない。しかし生徒を、他者と対決させてズレをなくすことに向けて動機づけたり行動させたりするのはそう容易いことではない。

実践的な対応としては、奇を衒うことなく、講話シリーズ第1巻[16]で提示したアクティブラーニング型授業の基本形を徹底的に実践してもらいたい。基本形として提示したのは次の三点であるが、他者と対決させズレをなくすという問題には、この中のとくに①と、②の一部として示したワークシートベースの授業づくりが関連する。

ポイント① アクティブラーニング型授業における教師と生徒の関係性をつくる／アクティブラーニング型授業に即した生徒の身体化を促す
ポイント② 個―協働―個／内化―外化―内化の学習サイクルをつくる
ポイント③ タイマーを表示し、時間を意識させる

ポイント①については、アクティブラーニング型授業に限ったことではない。授業を学習目標に向けた教育的な営みとしていくために、教師は学習目標を生徒にしっかり伝え、目標達成に向けて求められる活動を説明し、期待される行動・態度を指示する必要がある。この説明や指示を通していくための教師と生徒の関係性がしっかり構築されていなければならない。ここで、教師の説明や指示を聞かない生徒がいるようでは、他者との活動を通して生徒の学びを深めることなどできはしない。アクティブラーニングを授業に組み込みながら、「活動あって学びなし」になっている授業の多くは、この教師と生徒の関係性がいい加減になっているか、確立していないものである。

教師と生徒の関係性が確立しているかどうかは、話し手の方に体を向けるという傾聴の姿勢を求めることでチェックできる。生徒が発表をするときにも、この傾聴の姿勢を求めればよい。これで傾聴の姿勢が示されれば、教師の説明や指示が通る程度の教師と生徒との関係性は構築できている

図表3　傾聴の姿勢を示す生徒たち
(左)原田俊子教諭(秋田大学教育文化学部附属中学校)(国語　中学1年生)
(右)島田勝美教諭(秋田大学教育文化学部附属中学校)(理科　中学3年生)
※いずれも授業実践は、「溝上慎一の教育論」(http://smizok.net/education/)のAL関連の実践で紹介している

ということである。

傾聴の姿勢を毎回、毎回うるさく求める必要はない。最初あたりと中だるみするあたりで、ときどき求めて確認すればよい。ほかにも、たとえば「司会の人は手を上げて」と指示を出し、司会の生徒全員がしっかり手を上げるかをチェックする方法もある[17]。

説明や指示がしっかり通る教師と生徒の関係性が構築されていれば、次のポイントは授業デザインである。これについては、アクティブラーニング型授業の基本形のポイント②「個―協働―個の学習サイクルをつくる」[18]という論の中で紹介した、**図表4**のようなワークシートを用いればよい。ワークシートのポイントは次の通りである。

(1)(課題に対する)自分の考えをまず書くことである。図表4のワークシートでは、①「自分の考え」を書くようになっている。いきなりグループワークをおこない他の

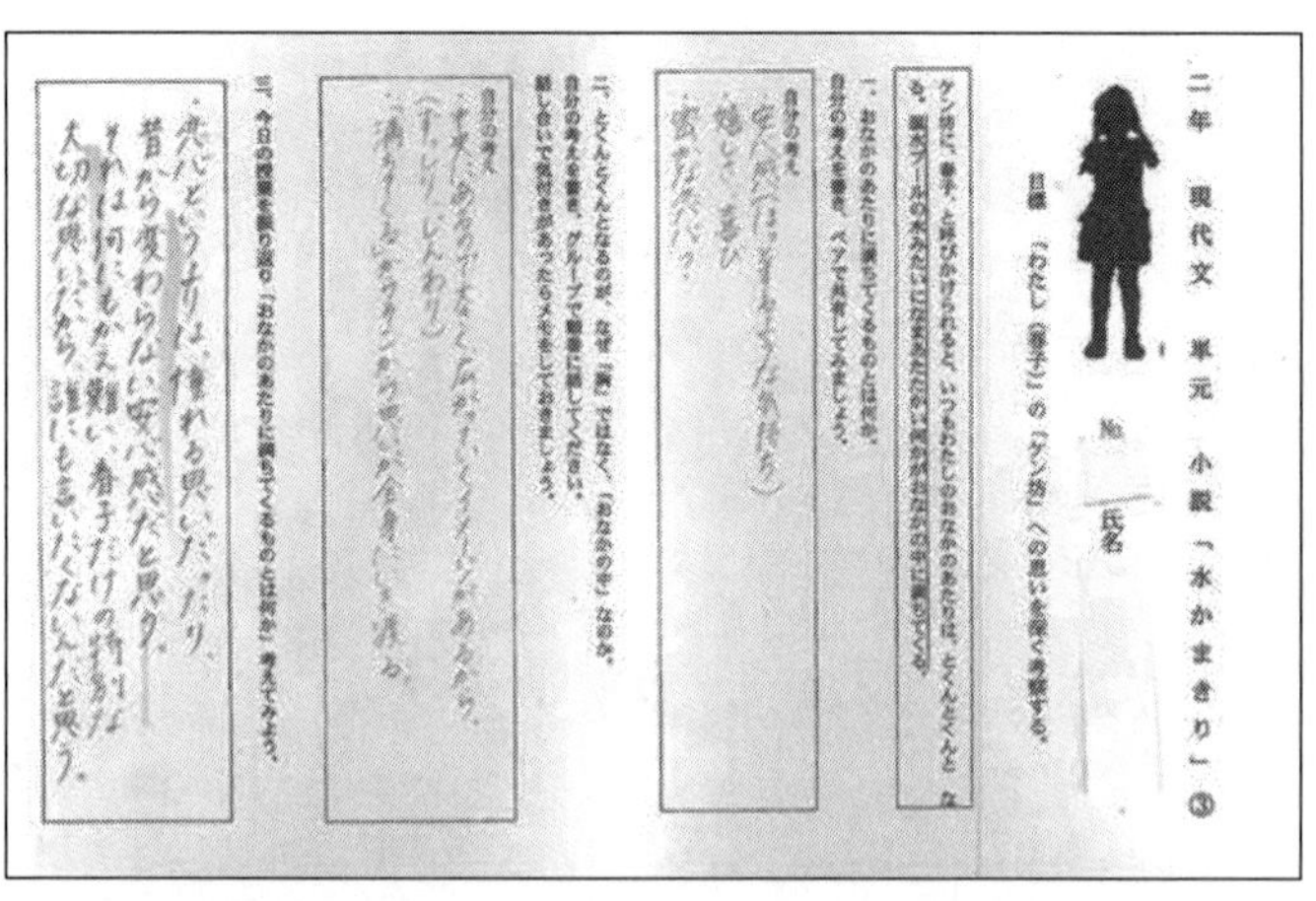

二年　現代文　単元　小説「水かまきり」③

目標　「わたし（亜子）」の「ゲン劫」への思いを深く考察する。

No.　氏名

ゲン劫に、亜子、と呼びかけられると、いつもわたしのおなかのあたりは、とくんとくんとなる。

一、おなかのあたりに満ちてくるものとは何か。自分の考えを書き、ペアで共有してみましょう。

自分の考え

二、とくんとくんとなるのが、なぜ「胸」ではなく、「おなかの辺」なのか。自分の考えを書き、グループで順番に話してください。話し合いで気付きがあったらメモをしておきましょう。

自分の考え

三、今日の授業を振り返り「おなかのあたりに満ちてくるものとは何か」考えてみよう。

図表4　アクティブラーニング型授業で使用されるワークシート

川嶋一枝教諭（静岡市立高等学校）（現代文　高校2年生）

※溝上（2018a）の図表20（47頁）より転載

生徒の考えを聞くのではなく、自身の理解や考えをまずつくってからグループワークをおこなうという考えに基づいている。

(2) 次いで、グループワークをおこない、他者とのズレを見出す。そして、それをなくすべく話し合いをして、その結果をワークシートに書くことである。図表4のワークシートでは、②「（話し合いで気づきがあったらメモをしておきましょう）自分の考え」と書かれている。気づきが得られるように、グループワークを促したい。

(3) 自身の考えや理解をまとめる、振り返る。ワークシートでは、③「今日の授業を振り返り〜考えてみよう」と書かれている。ここは自由に振り返りをすればよいところだが、生徒にはできるだけ具体的に書くように指示した方がいい。「楽しかった」「いろいろ考えた」といったような、どんなワークをしても書けるような逃げ言葉にならないように指導したい。

ところで、先ほどの自他の相違（ズレ）を見出しズレをなくすというところで、「他者と対決させてズレをなくすことに向けて（生徒を）行動させたり動機づけたりするのはそう容易いことではない」と述べた。私はこの問題に対して、アクティブラーニング型授業づくりの基本形を二つ紹介した。しかし、専門家の中には、「動機づけ」の理論や概念を紹介し、動機づけの観点から「他者と対決」「ズレをなくす」方策を説く人もいる。内発的動機や達成動機は伝統的によく紹介されてきたものであり、近年では自己決定理論や自己調整学習、フロー[19]もよく紹介される。

しかし動機づけは、生徒がある行為に動機づけられるときに何が起こっているかを説明する理論や概念なのであって、必ずしもすべての生徒を動機づける実践的技法を生み出すものではない。個人のある行為に向けての動機は実にさまざまで、代表的ないくつかの心理学的な理論や概念、技法で、集団の心理を促すことなどそう簡単にできはしない。教育心理学の教科書で定番の「適性処遇交互作用（ＡＴＩ）」[20]という考え方は、ある理論や概念、技法がすべての生徒に同じように響かないことを端的に言い表している。

もちろん、教師は動機づけの理論や概念、技法を学び、生徒がどのようなメカニズムで学習に動機づけられるのかを知っておく方がいい。しかし実践的には、動機づけの理論や概念、技法だけですべての生徒をある特定の学習目標に向かわせることはできない。それよりは、教師と生徒の関係性や授業デザインといった授業づくりの基本的ポイントをしっかり実践していくことの方が効果的である。

心理学者の私が、心理学の概念を用いた方策ではなく、教師と生徒の関係性や個―協働―個の学習サイクルなど、授業づくりのポイントを方策として説いていることを読み取っていただければ幸いである。

8　前に出てきて発表――他者に見られ自己意識が働く

私は、生徒にグループワークをさせたら、許す限り時間を設けて、グループワークで話し合われたことを発表する方がよいと指導している[21]。グループの席上での発表でもいいが、できれば「前に出てきて発表」をした方がいい。

桐蔭学園では、グループワークをおこなえば「前に出てきて発表」までもっていく、という定式があるほど、「前に出てきて発表」は桐蔭学園のアクティブラーニング型授業の定番メニューとなっている[22]。しかし、はじめから「前に出てきて発表」があったわけではなかった。

図表5　前に出てきて発表

福田周作教諭（[神奈川県私立] 桐蔭学園中等教育学校）(地理　中等1年生)
※図表3と同じ授業から

アクティブラーニングを導入し始めた五年前、私は中学一年生対象のある教師のアクティブラーニング型授業を参観していた。教師は生徒たちに課題を与え、四人でグループワークをさせた。誰一人として受け身で参加している生徒はいないと見えるほど、活発な話し合いがなされているように見えた。

問題は、教師があるグループの生徒を当てて発表させるところで起こった。生徒はグループの席上で立ち、話し合いをまとめた紙を見ながら発表をおこなった。グループでしっかり話し合えたことがわかる内容であった。ところが、その生徒の発表を、顔を向けて聞いているのは同じグループの生徒だけで、ほかのグループの生徒は、聞いていないとは言わないが、発表者の方を向いていないか別の作業をしていた。残念ながら、発表に慣れていない中学一年の生徒の声は小さく、教師はそばに立って聞いていたから、その小さな声は教師には問題なく聞こえ、「すばらしい考えですね。みなさん拍手！」となった。生徒は皆拍手をして、その場面は終わった。

しかし、私は授業終了後、「これでいいのか！」と問題提起をした。私は、発表者から少し離れたところに立っていたので、正直私には三分の一くらいの発表内容は聞こえなかった。生徒の多くは私よりも遠いところに座っていたので、あの聞き方では半分以上の生徒には十分に聞こえなかったはずだ。しかも、机を動かして四人グループをつくると、生徒同士は背中合わせの配置となる。半分の生徒にとっては、発表者は背中の方にいる。どうもこのあたりに何かしらの改善が必要だと思われた。

学園の先生方は、さっそくこの問題を拾って議論をし、最終的には「時間はもったいないが、〝前に出てきて発表〟をするか」となった。〝発表する〟という能力や態度を育てるためには、あるいは他の生徒の〝聞く〟態度や傾聴力を育てるためにも、その方がいいと考えられた。こうして、「前に出てきて発表」が桐蔭学園のアクティブラーニング型授業の定番メニューの一つとなったのである。

自己と他者の観点から「前に出てきて発表」で起こっていることを考えてみよう。

前に出て発表するとき、発表の生徒は、他の生徒（聴衆）から〝見られる〟ことを強く意識する。それは、身体が聴衆の面前にさらされ、視線を集めるからである。また、聴衆が鏡のような機能を果たして、（聴衆を）〝見る〟眼差しを〝見られる〟として折り返すようなものとも考えられている[23]。こうして、聴衆から〝見られる〟状態が自己意識を多かれ少なかれ喚起させる。人によっては、聴衆の前に立って緊張したりあがったりする。それは、〝見られる〟状況で、自己意識が過剰に高まっているからである。聴衆としての他者が自身に迫り一個存在としての自己が発現して（自他分別の働き）、かつ発現した自己を再帰的に捉える（再帰的な働き）、自己の自他分別と再帰的な働きが同時に起こって、前に出て発表する時の〝見られる〟状態が自己意識の（過剰な）高まりとなっているのである。

前に出てきて発表ではなく、グループの席上で立って発表をするということがある。このとき、生徒は教師の方を向き、言わば教師―生徒の二者関係で発表をしていることになる。他の生徒から〝見られる〟という構図には必ずしもなっておらず、結果として自己意識がさほど高まらない。声が小さくて他の生徒に聞こえなくても気にならず、グループで話し合われた理解や考えが他の生徒が理解できるようなものとして発表されなくても気にならない。生徒は教師に向かって発表しているのだから、教師が受け止めてくれるとどこかで安心している。

ここを問題にしたい。発表する生徒に聞き手の状態や理解を意識させたい。他の生徒が聞こえるように、興味をもって聞いてくれるように、理解しておもしろかったと言ってくれるように発表することは、そしてそのような発表を積み重ねていくことは、その手前の学習を深く、動機づけたものにするだけでなく、将来の仕事・社会に向けての資質・能力の育成にも繋がっていく。そのために、生徒の発表を自己意識が高まる構図でおこなわせたい。それが「前に出てきて発表」である。

二点補足をしよう。

一つは、グループの席上で発表させる場合でも、聞き手の生徒に傾聴の姿勢をとらせれば、幾分〝見られる〟を意識させることになるから、それで自己意識をより高めた発表とすることができることである。

図表6は、小学校であるが、席上での児童の発表の場面である。児童は教師と他の児童の方を向いて発表しており、他の児童の多くも発表の児童の方に体を向けていた。教師がふだんの授業で、発表者の心構え、聞き手の傾聴姿勢を指導していることが即座にわかるすばらしい場面であった。もっとも、この場合でさえ、発表する児童は教室の後ろ半分に座る児童までを意識することはできていない。〝見る〟〝見られる〟の関係は、せいぜい教室前半分の範囲でしか起こっていない。前に出てきて発表と比べると、このあたりが席上での発表の限界と見えるところである。

席上での発表を否定しているわけではない。児童生徒のすべての発表を前に出てきて発表にしよ

図表6　席上で発表　他の生徒の傾聴姿勢
近江奈緒子教諭（[京都府南丹市立] 園部第二小学校）（算数　小学校5年生）

うと説くわけでもない。前後の学習活動や一時限の中での学習の展開などから、もちろん授業進度なども考慮して総合的に考えて、席上での発表、前に出てきて発表を使い分ければよい。

もう一つは、前に出てきて発表で生徒の自己意識が高まるのは、生徒の身体がメディア（媒体）となって他者から〝見られる〟意識（視線）を喚起させるからである。部屋で一人で発表をしても、SkypeやZOOMなどの通信ソフトを用いてインターネット上で発表をしても、自己意識はさほど高まらない。それは、自身の身体が他者にさらされていないからである[24]。その意味では、バーチャル技術やICTがこれだけ発達した現代において、対面で人と人とが相互作用することの意味、そこに身体がメディアとして媒介する意味を改めて理解することが求められよう。

9　リフレクション（振り返り）はメタ認知を働かせた言語活動

今日、学校教育の授業の中に「振り返り」はずいぶん浸透している。その典型的なものは、図表4のワークシート③に示されるようなものである。図表4のワークシートの教示文には、「三．今日の授業を振り返り、「おなかのあたりに満ちてくるものとは何か」考えてみよう」とある。ある生徒（高校一年生）は、

・恋心というよりは、憧れる思いだったり、昔から変わらない安心感だと思う。それは何にもかえ難い、春子だけの特別な大切な思いだから誰にも言いたくないんだと思う。

川嶋一枝教諭＠静岡市立高等学校（現代文　高校二年生）

とその時間の学習活動を振り返っている。

限られた時間の中で、授業終了前に二、三分の振り返りを書かせるだけでも、教師にはハードルが高い。しかし、学習活動を通して何を学んだのかを、このように二、三行でもいいから、生徒に

自分の言葉でまとめさせることには教育的意義がある。というのも、振り返りはメタ認知[25]を働かせた言語活動だからである。

メタは「超えて」「上から」という意味であるから、メタ認知とは認知を上から俯瞰して認知することである。学習で言えば、言わば、学習活動を通して理解したこと、考えたこと、感じたことを並べて上から眺めるような作業である。振り返りは、その眺めたものの中から事柄を「選び」、繋いで「言語化する」ことである。振り返りが教育的に意義あるものとなるかどうかの鍵は、この「選ぶ」と「言語化する」作業の質にある。

理解したこと、考えたこと、感じたことの中から何を選ぶかが、良くも悪くも次の活動へのフレームとなる。振り返りが深くなされれば、重要な事柄を選び、重要でない事柄を捨てるという取捨選択の判断が介在することもある。そうして選んだ事柄を繋いで文章にすることで、すなわち言語化することで、重要な事柄を自覚し、次の学習に繋げていくことができるのである。

人は、活動や体験をするだけで必ずしも成長するわけではないと言われる。それは、活動や体験を通して理解したこと、考えたこと、感じたことの中から、何が自身の今後にとっての成長に繋がるものなのかを選び取る作業がないからである。選び取ったものを言語化して、意識の上の方に上らせ、次の活動へのフレームにしようとする作業がないからである。だから、教育の世界では「活動や体験を経験にする」と説かれる[26]。矢野智司は、経験について次のように説く。

「「経験」は主体が客体の他者や事物に働きかけ、その働きかけた結果が、「経験」に主体へと立ち返ってくる。その帰結によって働きかけた主体は、なんらかの変容を遂げるのである。「経験」は蓄積され、次の「経験」を形成していく。この意味で「経験」とは学習のことでもある。（中略）私たちは「良い経験をした」という言い回しでもって、自分のかかわった出来事を物語ることがある。そのときには、さまざまな矛盾や葛藤を努力によって克服し、自己のうちに取り込み、自己の能力を高め意味をますます豊かにした事態を表している。「経験」によって、以前の自己より高次の自己へと発達したわけである。」[27]

振り返りとは、活動や体験をこのような意味での経験、すなわち以前の自己より高次の自己へと発達させる作業であるとも言える。

ちなみに、振り返りはアクティブラーニングとしての外化（書く・話す・発表するなど）[28]の一つである。新学習指導要領で外化（アクティブラーニング、主体的・対話的で深い学び）を通した思考力・判断力・表現力の育成が求められているが、なぜ外化させれば思考力・表現力・判断力が育つと考えられているのかも、この「選ぶ」「言語化する」のプロセスで言い換えるとよく理解できる。

頭の中にある理解や考えを自分の言葉で表す外化とは、まず、頭の中にあるさまざまな事柄の中からある事柄を「選ぶ」ことである。そして、それを「繋ぎ」「言語化する」ことである。

良かれ悪しかれ、選ぶこと自体が「判断」である。選んだ事柄を「繋ぐ」ときには、繋ぐときの順序（論理的思考）が問われる。繋いで文章にする中で、「そういうことがあるか」「これも繋がるか」というように、新たに気づくものも出てくる。これは創造的思考の原初的な体験と呼んでいいものである[29]。繋ぐプロセスにはさまざまな種類の「思考」が求められる[30]。選び繋いで言語化すること、それすなわち「表現」である。こうして、自分の言葉で頭の中にある事柄を選び言語化する外化は、新学習指導要領で求められる思考力・判断力・表現力を育てる基礎的な活動となるのである。

講話シリーズ第2巻[31]で、「協働はあるが、外化はないアクティブラーニング型授業」を問題のある授業として取り上げた。極端な例は、問題を解かせて、あるいは小テストなどを実施して、ペアで答案を交換して採点するというものである。この場合、採点し合うという協働はあっても、ペアそれぞれが理解や考えを外化するという活動にはなっていない。結果、思考力・判断力・表現力を育てる活動にはなっていない。

ペアで採点という活動を否定するわけではない。ただ、それをもって生徒の思考力・判断力・表現力を育てていると考えるなら、それは大きな勘違いだということである。生徒の思考力・判断力・表現力を育てるには、選び言語化する外化の活動が必要である。

図表7　ポートフォリオ式の振り返り
中村嘉宏教諭（［群馬県］高崎北高等学校）（化学基礎　高校1年生）

振り返りは、認知情報処理的にはメタ認知を働かせた言語活動であるが、自己と他者の観点から見れば、動作の対象が動作をおこなう者自身であるという再帰的な活動でもある。

たとえば、ある古文の授業（高校三年生）における振り返りを見ると、ある生徒は「初めて〃結びつかせる〃という体験ができたように感じた」と述べている（次頁枠中の傍線部）。自身の活動を再帰的に振り返った感想である。

中には、他者との対峙を経て自己という一個存在が発現した経験を述べる生徒もいる。「自分の意見は元々逆だったが」「班員と話し合い自分と対立したが、相手の一貫した論理展開に納得させられた」と述べているもの（次頁枠中の傍線部）がこれに当たる。そこでは、自身が学習内容に関して理解したこと、考えたこと、感じたことというよりも、他者に対峙することで発現した学習者自身(自己)の思考のプロセスや態度が述べられている。振り返りが、必ずしもこのような他者との対峙を経た自身を対象とするとは限らないが、中にはこのようなものもあると理解しておけばよい。

・初めて〝結びつかせる〟という体験ができたように感じた。自分の意見は元々逆だったが〝自発〟の根拠や〝腹立〟っていた理由、などから答えに納得できた!
・班員と話し合い自分と対立したが、相手の一貫した論理展開に納得させられた。

佐藤透教諭@(神奈川県私立)桐蔭学園高等学校(古文　高校三年生)

三宮真智子[32]によれば、メタ認知の活動には、①モニタリング(現実に生じている事柄に気づき、感覚、点検、評価に関する活動)と②コントロール(目標を設定し、計画を修正する活動)の機能がある。モニタリングは、(学習)活動やそれに付随する認知(思考や判断など)をメタ的に認知する(俯瞰する、上から眺める)処理のことである。前述の振り返りは、モニタリングを通して選び、言語化された記述でもある。ここで問題にしたいのは、②コントロールの方である。

振り返りの目的は、単におこなった活動をまとめることにあるのではなく、活動や体験を次の活動に向けての経験にする、次の活動へのフレームにする、リフレームすることにある[33]。

先の佐藤教諭の古文の授業での振り返りには、「良い答えを出すには、もっと積極的に話し合うべきだ」「議論の時間に議論すべきことができていない（↓できているべきだ）」「たまにはグループの組み換えや他のグループとの交流もしてみたい」のような記述も見られた（枠中の傍線部）。これらの振り返りは、おこなった活動を振り返りながら、次の活動に向けてとるべき行動、活動のフレームを提示しているものである。メタ認知活動の機能で言うところの②コントロールに相当するものである。振り返りには、このような次の活動に向けた記述が求められる。

・良い答えを出すには、もっと積極的に話し合うべきだと思う。〝〜の意見に賛成〟ではなかなか進まない。
・議論の時間に議論すべきことができていない。
・他のグループをみて考えが深まることもあるので、たまにはグループの組み換えや他のグループとの交流もしてみたい。

佐藤透教諭＠（神奈川県私立）桐蔭学園高等学校（古文　高校三年生）（傍線部は筆者による）

「振り返り」は、英語で reflection, reflective learning, reflective practice, reflectiveness と呼ばれるものから来ている[34]。近年 reflection は、学校現場で「振り返り」と訳されて用いられることが多いが、「リフレクション」とカタカナで用いられることも少なくない。

古く遡れば、reflection はＪ・デューイの「反省的思考（reflective thinking）」[35]の「反省」に関連づけて用いられることが多かった用語である[36]。一九八〇年代にＤ・ショーンが提出した省察的実践者論[37]の影響から「省察」という訳語も人口に膾炙した。このような流れをふまえると、reflection は単に活動を思い返してまとめる「振り返り」というよりは、活動した結果をさまざまな文脈に関連づけて問い直し探究するだけにとどまらず、さらに問題のフレーム（枠組み）を確認・再設定（リフレーム）し、次なる活動の方向性を見定める行為であると理解すべきである。

reflection は「振り返り」と訳すよりは「反省」や「省察」と訳すべき用語である。しかし「反省」は、一般的に「反省の色が見られない」や「失敗を反省する」などと、否定的な意味で用いられることがあり、「省察」も学術的・哲学的な語の響きが強く、生徒に「省察しよう」などと実践的に用いにくいきらいがある。このように考えて、私は reflection をカタカナで「リフレクション」と表した方がいいと考えている。振り返りを残したければ、「リフレクション（振り返り）」と二重表現にしてもいい。

10　自己内対話と学習

アクティブラーニングや主体的・対話的で深い学びで求められる学びの一つは、他者との対話である。「話し合い」「学び合い」とも呼ばれる。しかし、対話的な学びは自己内対話としても説かれることが多い。実際に、前節で紹介した佐藤透教諭の古文の授業での振り返りにも、「ひとりでグループワークをした気分でした。自身の中にいる他者との対話」「自分の中でも、〝問いかけ―答える〟で頑張る」の記述が見られた（枠中の傍線部）。他者との対話を通して、生徒たちが自己内対話もおこなったことがわかる。本節では、対話的な学びと自己内対話との関係を考えてみよう。

・ひとりでグループワークをした気分でした。自身の中にいる他者との対話。
・グループワークでも何が分からないかをあげ、順を追って整理するうちに、だいぶ見通しがよくなった。自分の中でも、「問いかけ―答える」で頑張る。

佐藤透教諭＠（神奈川県私立）桐蔭学園高等学校（古文　高校三年生）（傍線部は筆者による）

二〇世紀末から、「教えるから学ぶへ」「教授パラダイムから学習パラダイムへ」「教師中心から子ども中心へ」「講義一辺倒の授業からアクティブラーニング型授業へ」といった標語をもって、知識注入型、知識詰め込み型の学習から構成主義的な学習への転換が叫ばれるようになった[38]。

佐藤学[39]は、これらの転換を①対象との対話、②自己との対話、③他者との対話という「三つの対話」として理論的・実践的に説いてきた教育学者である。対象との対話とは、対象を認識し言語化し表現する文化的・認知的実践である。これまで私たちが扱ってきた「学習」の活動に対応するものである。自己との対話は、対象の意味を構成し、世界との関係を構築しながら、同時に、自己内対話を通して自己の保有する意味の関係を編み直し、自己の内側の経験を再構成するものである。最後に、他者との対話は、他者とのコミュニケーションという社会的過程を指す。これら三つの対話をふまえて、学びの実践を次のように説く。

「学びの実践とは、教育内容の意味を構成する対象との対話的実践であり、自分自身と反省的に対峙して自己を析出し続ける自己内の対話的実践であり、同時に、その二つの実践を社会的に構成する他者との対話的実践である。この三つの実践は、それぞれが相互に媒介し合う関係を示している。（中略）学びの実践とは、（中略）上記の三つの対話的関係を相互に発展させる実践と言ってよいだろう。」[40]

佐藤が説くように、対話は単なるおしゃべりや会話、議論のことではない。対話は、自身の行動や価値観、世界観に影響を及ぼす他者との有意味な相互作用のことである。ペア・グループワークで議論をして、他の生徒の理解や考えを聞き、それまでの自身(自己)の理解や考えが揺らぐ、あるいは変化することがある。これを対話と呼ぶ。教師から発せられる言葉や他の生徒の発表を聞いて考えが変わる、影響を受けることがある。言葉を介しての直接的やりとりはないが、これも対話と呼んでいいだろう。このような、自身(自己)の学びや行動、価値観、世界観に影響を及ぼし変えるような他者との有意味な相互作用こそが「対話」である。誰かとおしゃべりや会話をすれば、それが必ず自己に影響を及ぼす、自身にとっての意味を構成する対話となるわけではない。ペア・グループワークで議論をしても、「活動あって学びなし」と揶揄されるような対話に至らない議論もある。ここに、おしゃべりや会話、議論が対話となるか否かの境界線がある。

アクティブラーニングや対話的な学びにおいて、「他者との対話」の他者は多くの場合、授業やクラス、学年など、学校の生活空間を共有する実在他者としての他の生徒、教師である。対話とはまず、実在他者との実際の相互作用を自己に反映させ関連づけた、きわめてシンボリックな情報処理を伴う行為であると理解される。

しかし、実在他者との対話であっても、いったん自己内に取り込まれた他者はもはや実在他者ではない。人の自己世界に生息する表象[41]的な他者となる。W・ジェームズ[42]は、このような表象的な他者を「物質的自己」と呼んで自己の一部と見なした。ジェームズは、自己を心理的・社会的特徴としての自己のみならず、物質的自己にまで拡張する理由を次のように述べている。

「人の客我(自己)とは、考え得る最広義においては、人が我がものと呼び得るすべてのものの総和である。単にその身体や心的能力のみでなく、彼の衣服も家も、彼の妻も子どもも、彼の祖先も友人も、彼の名声も仕事も、彼の土地も馬も、ヨットも銀行の通帳もすべてそうである。これらはすべて彼に同じ情動を起こさせる。すなわちそれらのものが大きくなり栄えれば得意になり、小さくなり減弱すれば落胆する。」[43]

物質的自己としての服や妻、子供は、外在するモノや他者ではない。自己世界に住む「私の服」「私の妻」「私の子供」である。E・ベッカー[44]は、新車のジャガーの後輪にもたれる見知らぬ男を持ち主が射殺したパリでの話をする。他では代替不可能な「私のジャガー」であるからこそ、射殺するほどの怒りが生じる。

こうして、前述の古文の授業での生徒の自己内対話（「ひとりでグループワークをした気分でした。自身の中にいる他者との対話」）が、彼らの自己内に取り込んだ他者とシンボリックに対話した状況をモニタリングして内省報告したものであることがわかる。

しかし、生徒のもう一つの自己内対話（「自分の中でも、〝問いかけ―答える〟で頑張る」）を理解するにはもう少し説明が必要である。というのも、この自己内対話は自己内に取り込んだ他者とのシンボリックな対話ではなく、もう一人の私との対話、私同士の対話を言い表しているからである。この

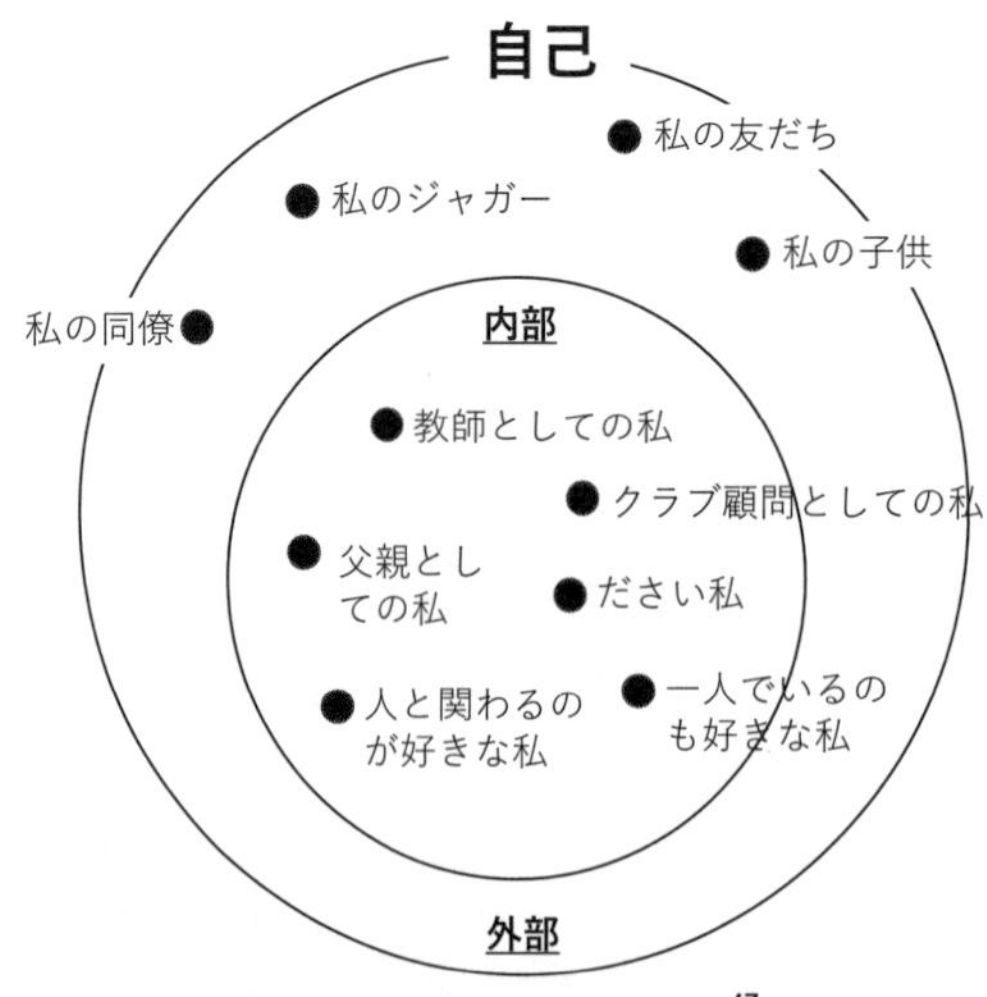

図表8　自己における内部・外部のさまざまな私[47]

ために、ジェームズの自己を物質的自己だけでなく、心理的・社会的自己まで含めて、自己世界における対話を説き直す必要がある。

自己内対話を総合的に理解するための自己世界の構図は、**図表8**のようなものであると考えられる。[45] ジェームズで言うところの心理的自己・社会的自己は、自己の内部領域として示される。一般的に、さまざまな私や多元的自己と呼ばれるものは[46]、この内部領域での私を表している。そして、物質的自己、すなわち私の他者や私のモノは自己の外部領域として示される。外部領域（物質的自己）は自己の拡張領域であるが、人の自己感情や生活感情に影響を及ぼすという意味で、自己の一部である。この考え方は、ジェームズやG・H・ミード、デューイをはじめとするプラグマティズムの自己論に従ってのものである。[48]

こうして、自己世界には表象レベルでさまざまな「私」「（私の）他者」「（私の）モノ」が住んでいることがわかる。主体（ジェームズで言うところの「知る私あるいはI」）は、これらの「私」「他者」「モノ」とシンボリックに相互作用し、自己世界を意味づけたり構築・再構築したりしている。このシンボリックな相互作用こそが「自己内対話」である。そして、生徒の自己内対話である「自分の中でも、〝問いかけ―答える〟で頑張る」も、図表8に従えば、自己の内部領域における「問いかける私」「答える私」の自己内対話として理解される。

他者との相互作用としての対話と自己内対話との関係を整理して、まとめよう。

他者とおしゃべりや会話、議論をすることが必ずしも対話になるとは限らない。対話とは、自身の行動や価値観、世界観に影響を及ぼす他者との相互作用のことである。そして、そのような対話は、実在他者との実際の相互作用を自己に反映させ自己に関連づけた、きわめてシンボリックな処理を伴う行為である。自己内に取り込まれた他者はもはや実在他者ではなく、人の自己世界に生息する表象的な他者である。図表8で示す「私の他者」である。

自己内対話を図表8にしたがって、「私」「他者」「モノ」とのシンボリックな相互作用と理解すると、実は前記で紹介した生徒の二つの異なる自己内対話、

・「ひとりでグループワークをした気分でした。自身の中にいる他者との対話」（私と他者の自己内

対話）

・「自分の中でも、〝問いかけ―答える〟で頑張る」（私と他の私との自己内対話）

は、自己世界における同じ力学に基づく自己内対話であることがわかる。自己世界においては、私と他者の対話であろうと、私と他の私との対話であろうと、同じ力学に基づいた自己内対話である。このように考えると、他者との対話を説く多くの論者が自己内対話をも説く必然性が見えてくる。

一点補足をしよう。実在他者とのおしゃべりや会話、議論が「対話」になる状況というのは、実在他者との実際のおしゃべりや会話、議論が一方であり、他方自己世界で、自己内に取り込まれた他者とのシンボリックな相互作用が起こっているような状況である。それが、前記で「対話は、実在他者との実際の相互作用を自己に反映させ自己に関連づけた、きわめてシンボリックな処理を伴う行為である」と説いたことの意味である。

省察的実践者論で有名なショーンの「行為の中の省察（reflection in action）」という概念がある[49]。その要点は、実践者は実践の中で状況との省察的な対話をおこない、問題のフレーム（枠組み）を確認したり・再設定（リフレーム）したりして、次なる活動の方向性を見定める行為をおこなっているというものである。行為の中の省察という概念は、人が（外在的に）行為（おしゃべりや会話、議論）をしながらも、頭（自己世界）の中ではシンボリックに省察（自己内対話）もしていることを説くものである。

人はおしゃべりや会話、議論をしながらも、それを対話にすることができる。逆に、おしゃべりや会話、議論をおこなっても、対話にできない、ならないこともある。これが「活動あって学びなし」の正体である。

11　自己内対話の対象は生活空間を共有する他者とは限らない

前節では、他者との対話において生徒、教師などの実在他者を想定して、自己内対話における他者は実在他者ではなく、自己世界に住む表象的な他者であることを説いた。

実はこのように考えると、自己内に取り込まれる他者は、授業やクラス、学年など、学校の生活空間を共有する他者である必要は必ずしもないということになる。テレビや雑誌で紹介される芸能人やスポーツ選手、学者、全国・全世界の特集される人びと、歴史で活躍した過去の人物も、ここでの他者に含まれてよい。そのような他者は実在他者でありながらも、生活空間を共有する他者ではないが、影響を受け自己内に取り込まれれば、自己内対話の対象としての同じ他者となる。

さらに、自己内対話における他者はもはや実在しなくてもいいことになる。小説や映画、マンガの架空の登場人物でもいいのである。映画やマンガの登場人物に同一化[50]して（なりきって）行動することや、時に現実との境を見誤り犯罪となることも私たちは日常の報道で知っている。また。道徳の教科において、教材に登場する主人公や登場人物の心情を読み解く学習が、本書で扱うところの自己内対話(社会化・道徳化)を期待してのものであることもよく説かれることである[51]。

テレビや本、雑誌、小説、歴史や映画、マンガなど、これらはまとめて「メディア」である。テレビや本、雑誌などは媒体(メディア)として、人びとに情報を送るものである。

自己内対話の対象となる他者は、このようなメディアの他者まで含めて無限大である。実在人物であろうと架空の人物であろうと、生活空間を共有する他者であろうとメディアの他者であろうと、自己内に取り込んでしまえば同じ表象的な他者である。自己内対話が可能になる。テレビ番組を見て、ノーベル賞受賞者の研究に情熱を注いだ人生を知る。アメリカの大リーグに挑戦したプロ野球選手の苦難と成功の人生を知る。そこから「私(俺)もこうなりたい」「ステキだ!」とひとたび思えば、それは私の人生のあこがれや目標となり、自己内に取り込まれた他者との対話、すなわち自己内対話が始まる。研究者やスポーツ選手という他者を通して自己(私もこうなりたい)が発現する。

理論的に考えれば、メディアが高度に発達し、芸能人やスポーツ選手などのメディアの他者の情報が膨大に送られてくる今日において、自己の行動や価値観、世界観に影響を及ぼす表象的な他者の数は膨大である。自覚的であろうとなかろうと、シンボリックな自己内対話は相当な量でなされていると考えられる。言わば自己内対話が止まらない状況である。

多かれ少なかれ現実世界における実在他者との相互作用を伴う自己内対話であればいいが、そのようなリアリティのある相互作用をあまり伴わない自己内対話ばかりになると、いわゆる頭でっかち、病的なレベルになると現実世界との関係を欠いた妄想的な自己内対話となる。ボタンを掛け違えると、今日の人びとはすぐさまこのような状況に陥る危うさの中で生(ライフ)[52]を営んでいる。この点が、共同体や社会が個人より優勢であり[53]、たとえメディアや架空の他者の情報が入ってくるにせよ、対面状況で営まれる生活が人びとの生(ライフ)を支配していた昭和の時代との大きな違いである。

進学や職業、生き方などの未来表象に影響を及ぼす他者についてであるが、私が河合塾と実施している高校生を十年間追跡する「10年トランジション調査」[54]の高校三年生のデータを見てみよう。ただし、ここでのデータは、大学進学者数が七〜八割を占める高校の生徒を母集団としたものであり、職業系や専門科の学科など、すべての高校生を母集団としたものではないことには留意いただきたい。

図表9に、進学や職業、生き方のモデルや理想の人を高校生がどの程度持っているかの結果を示す。また**図表10**に、〝持っている〟と回答した生徒に、それがどのような人かを尋ねた結果を示す。複数回答可なので、該当する場合には〝1〟、該当しない場合には〝0〟と数値化し、0〜1点のレンジで各項目の平均点をグラフ化している。数値が1に近ければ、該当者数が多かった項目であることを表す。いずれも男女別に結果を示している。

単位：度数（%）

	男性	女性	全体
持っている	7,181（37.1）	8,232（39.5）	15,413（38.3）
持っていない	12,190（62.9）	12,626（60.5）	24,816（61.7）
計	19,371（100.0）	20,858（100.0）	40,229（100.0）

※質問文「あなたは、進学や将来の職業、生き方を考える上で参考になるモデル、あるいは理想の人を持っていますか。」
※データは、10年トランジション調査の1時点目データ（高校2年生45,311名、2013年10～12月実施）より。詳細は、溝上（2015, 2018）を参照

図表9　高校生でモデルや理想の人を持っている生徒の割合（男女別）

図表9を見ると、進学や職業、生き方のモデルや理想とする人を持っていると回答した割合は、全体で三八・三%（男性三七・一%、女性三九・五%）であることがわかる。男女差はほとんど見られない。同じ10年トランジション調査のデータからは、将来の見通しを持っている高校生は約三三%であることがわかっているので[55]、それと比べると妥当な結果であると言える。

次いで、どのような人がモデルや理想となっているかを図表10から見ると、もっとも多く見られたのは、〝芸能人や俳優、学者、スポーツ選手、マンガの主人公など〟（男性0.36、女性0.34）、〝親・家族〟（男性0.29、女性0.34）であった。前述してきたように、生活空間を共有しない、あるいはメディアの他者が、生徒の生（ライフ）に、さらには自己内対話に大きな影響を及ぼしていることを見て取れる。他方で、メディアや他者と並ぶモデルや理想の人は、もっとも身近な他者としての〝親・家族〟である。生まれて以来のもっとも身近な他者としての親・家族が、多くの生徒にとって会ったことも話したこともない、もっとも遠い他者としてのメディアの他者に並んで、今日の生徒の生（ライフ）

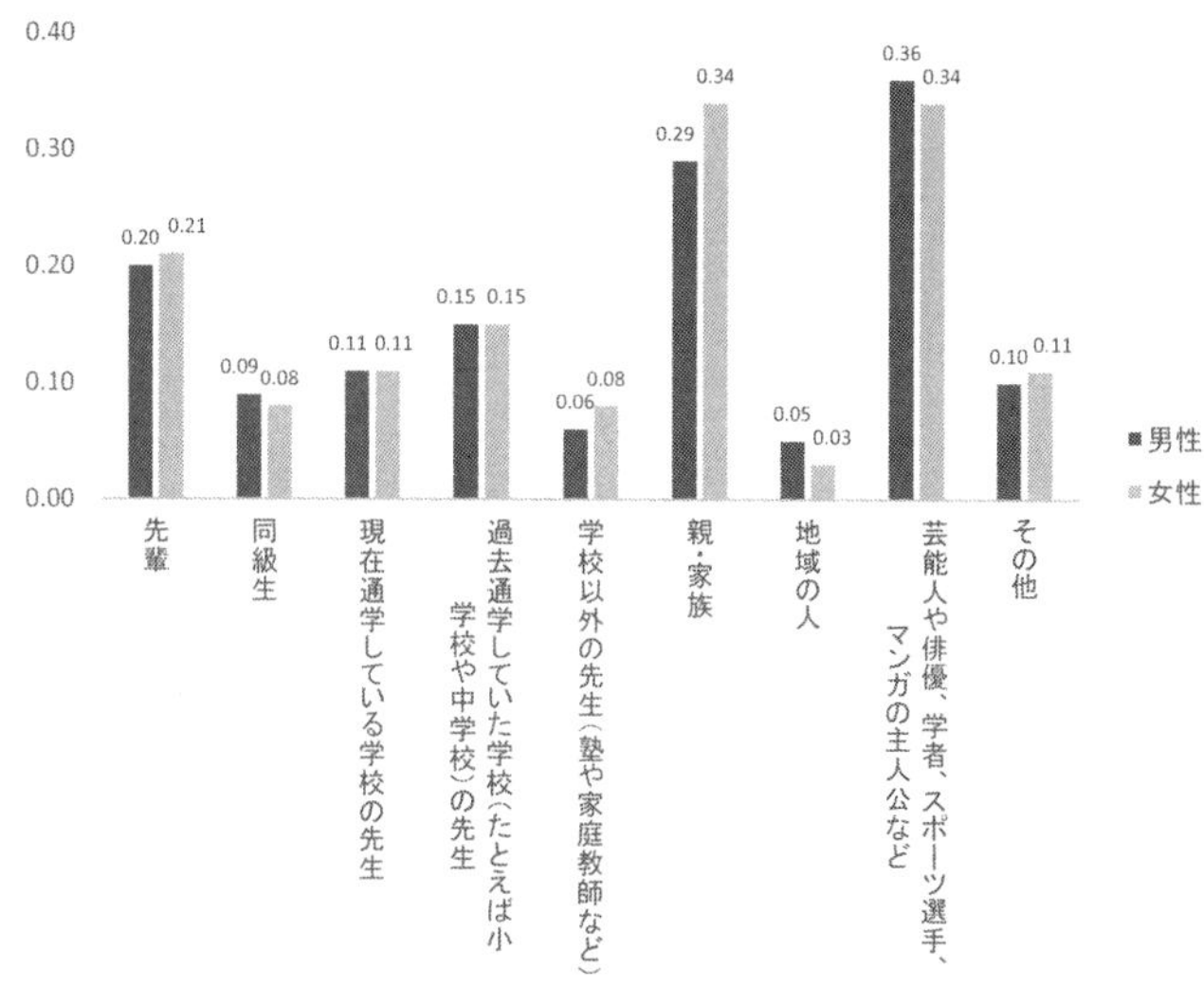

図表10　モデルや理想の人（男女別）

※質問文「それはどのような人ですか。あてはまる番号に○をつけてください。」（複数回答可）

※データは図表9に同じ。対象は、図表9の質問で“持っている”と回答した15,413名

に影響を及ぼしていることがわかる。〝先輩〟（男性0.20、女性0.21）の該当率はやや高いながらも、それ以外のカテゴリーの該当率は高くない。〝地域の人〟（男性0.05、女性0.03）に至ってはほぼゼロに近く、教師も含めてもはや親や家族以外の身近な地域の大人たちが、生徒の生（ライフ）に影響を及ぼしていない状況を見て取れる。

以上の結果は、子ども・若者の進学や職業、生き方において、リアリティをもった他者の影響がかくも貧しくなっている状況を示唆している。

多様な生き方や価値観が認められる現代社会である。そのために、多様な他者の生き方や価値観の情報が多く提供されることは好ましいことである。しかし、それらを現実世界でリアリティをもった生き方や価値観としていくには、多少の作業が必要である。私はその作業が、実在他者とのおしゃべりや会話、議論を通しての対話・自己内対話であると考える。対話・自己内対話によって情報を自己世界に位置づけ、自身にとってよりリアリティのあるものにしていく必要があると考えるのである。

生徒に対する教育実践的な取り組みとしては、「7」で説いたアクティブラーニング型授業の基本形をしっかり実現して、ペア・グループワーク、発表などを促していくことである。また、「9」で説いたように、振り返りではなく、次の行動につなげるリフレクションを促すことである。これらをおこなうだけでも、情報はよりリアリティを伴って自己世界に位置づけられ意味を帯びてくるはずである。

12　自己内対話におけるポジショニングとポジション交代

「10」では、佐藤透教諭の古文の授業での事例(下記)から、私と他者との対話(自身の中にいる他者との対話)と私と他の私との対話(自分の中でも、「問いかけ―答える」で頑張る)が、自己世界における同じ自己内対話であると説いた。

・ひとりでグループワークをした気分でした。自身の中にいる他者との対話
・グループワークでも何が分からないかをあげ、順を追って整理するうちに、だいぶ見通しがよくなった。自分の中でも、「問いかけ―答える」で頑張る。

佐藤透教諭＠（神奈川県私立）桐蔭学園高等学校（古文　高校三年生）（傍線部は筆者による）

しかし、同じ自己内対話であるが、後者の「問いかけ―答える」は前者の「自身の中にいる他者との対話」に比べて、はるかにダイナミックである。というのも、私が問いかけて、もう一人の私がその問いを受けて考える、答える、そしてまた問いかける私にバトンを渡して、といったように、「問う私」「答える私」の間を何度も往還して、言わば一人二役で、それぞれの役割を何度も交代して対話したことを表しているからである。

「問う私」「答える私」の役割交代をおこなう対話の中で働いていた心理的機制は、ポジショニングとポジション交代（＝役割交代）である。これらが後者の自己内対話をよりダイナミックなものにしていたと考えられる。本節ではポジショニング、ポジション交代について説き、前記の自己内対話の事例で起こっていたことへの理解を深めることとしたい。

ポジショニングは、ポジションとセットで理解される概念である。「ポジション」とは、あるモノ（ほ

かにも事象、人など）の他のモノに対する相対的位置の意である[56]。ポジションとしての位置はそれ自体では決められず、他との相対的関係においてしか決めることはできない。言い換えれば、ある人やモノのポジションが決定されれば、それに関連する他の人やモノのポジションも同時に決定されるということである。たとえば、「会社の中での彼のポジション」は、会社の中での他の社員との関係において明らかにされる。彼のポジションを示すことは、同時に関係してくる他の社員のポジションを示すことにもなる。埋没的に焦点化して彼だけのポジションを示すことは、ポジションという言葉の意味からして論理矛盾である。

「ポジショニング」とは、このようなあるポジションを取ろうとする行為のことである。あるポジションを取ると言うときには、直接的ではなくても、暗に他のポジションとの関係が存在する。それがポジションを取る、すなわちポジショニングするということである。

ポジショニングが概念として扱われるようになった端緒は、A・ライズとJ・トラウト[57]に遡るとされる。ライズらはポジショニングの概念を、一九七二年にマーケティングの分野で用い始めた。彼らは、世界二一カ国で実に千回以上、広告のポジショニング戦略についての講演をしてまわったらしい。それをまとめたのが彼らの“*Positioning: The Battle for Your Mind*”という本である。実践的な概説書であるから、そこには、多数の商品を例にした広告業、マーケティング戦略が紹介されている。たとえば、「われわれはアメリカで三番目に大きなコーヒー会社です」というときの「三番目」という位置づけを戦略としておこなうことができれば、それは立派なポジショニングである。「軽いビール」「ドライビール」「甘いビール」なども、自身のビールの特徴を位置づけるある種のポジショニングの結果である。

幼児の「お母さん役」「お父さん役」「社長役」といったごっこ遊び、あるいは、ドッジボールや野球、サッカーなどのルールのあるスポーツや遊技は、他の役割を取ったり役割交代をおこなったりする点で、ポジション、ポジショニングを学習する子どもの発達の好例である。

たとえば、お母さん役として振る舞うとき、子どもはお母さんの立場（＝ポジション）に立って（＝ポジショニングして）、お母さんとしてすべきこと、期待されることをおこなう。そこでは、ふだん子どもが母親をどのように見ているか、理解しているかが、お母さん役としての振る舞い方に表れる。図表8に照らして言えば、自己内に取り込まれた「私のお母さん」にポジショニングして、そのポジションから見る、理解する世界に従って振る舞う行為であるとも言える。

スポーツや球技の場合では、子どもはある役割（＝ポジション。たとえば、ドッジボールで言えば内野・外野、野球で言えば守備・打撃、ピッチャー・内野手・外野手など）を取って（＝ポジショニングして）、その役割に適切な行動を取ることが求められる。そのためには、ある役割（ポジション）においてすべきこと、期待される行動がどのようなものであるかを学習する必要がある。そうして子どもは、学習した理解に基づいて、ある役割に適切な行動を取ることができる。理解が行動に表れるのだから、理解が間違えていれば、その行動は適切なものとは見なされない。

ドッジボールの内野・外野の役割を例にして、図表8に照らして言えば、内野にいるときには「内野にいる私」(役割・ポジション)にポジショニングして、内野のポジションとしてすべきこと、期待されることに基づいて行動する。外野に出たときには「外野にいる私」(役割・ポジション)にポジショニングし(直し)て、外野のポジションとしてすべきこと、期待されることに基づいて行動する。実際のゲームでは、内野にいるとき、外野にいるときと、子どもはポジショニングを変えて(=ポジション交代)、行動している。

以上のように、人は子どもの頃から、遊びや活動を通してさまざまなポジションでの役割や期待を学習し、その理解を「私」「私の他者」として自己内で形成している。そして、ある役割を取って行動すると言うとき、それはある「私」や「私の他者」にポジショニングして、ときにはポジション交代をして、ポジションにおいてすべきこと、期待されることの理解に基づいて行動しているのである[58]。

ポジショニングやポジション交代を利用してのアクティブラーニングの実践例はさまざまに提出されている。

図表 11　ある生徒が他の生徒を教える（教え合い）

（上）阿津坂優也教諭（[京都府私立] 花園高等学校）（数学 A　高校 1 年生）
（下）米山舜教諭（[静岡県立] 沼津東高等学校）（数学 I　高校 1 年生）

もっともよく見るのは、グループワークにおける教え合いで、理解しているある生徒が他の生徒に教えるというものである。単に問題を解く学習者の役割（ポジション）だけでなく、教えるという他の役割にもポジショニングして学習を深めるのである。**図表11**上は、花園高等学校の阿津坂優也教諭の数学Aの授業（高校一年生対象）で、等比数列の和の問題を教え合っている場面である。

学習デザインとして、ある生徒を明示的に教師役（ポジション）に割り当て（ポジショニングさせて）、ペア・グループ内の他の生徒に解説するという実践例も見られる。教師役をグループ内で交代して、できるだけ多くの生徒がその教師役を取るようにしてもよい。図表11下は沼津東高等学校の米山舜教諭の数学Ⅰの授業（高校一年生対象）で、二次不等式の問題をグラフを考察しながら解き、教師役が他の生徒に解説している場面である。授業では、この後教師役の生徒が他のグループにも行って、同様の解説をおこない、他の生徒・グループから異なる質問をもらうという活動もなされた。

講話シリーズ第2巻で紹介した、作問の実践例はこの手のものの上級編と言えるものかもしれない[59]。一般的には、グループごとに作問と模範解答を作成する（＝教師役にポジショニング）。その問題を他のグループの生徒が解いた後、作問者が模範解答を示し解説する、解答者のさまざまな疑問に答える形で学びを深めるというものである。作問や模範解答作成の作業が、問題の本質を深く考える機会になることはもちろんのこと、誰も考えたことのない新しい問題を作るところまでできれば、創造的な学習活動ともなる。教師等の作問者の意図を読む機会にもなり、もちろんそこにはポジショニング・ポジション交代の力学が働いている。

ほかにも、ペアワークで課題に対する考えをお互いに話し合い、その後ペアの一人が相手の生徒の考えを代弁して（＝相手の生徒にポジショニングして）、発表するということもなされている。ポジショニング、ポジション交代の実践例がさまざまに見られる。

13　自己内対話におけるメタポジション――さまざまな私の葛藤・調節

前節では、自己内対話が、自己世界におけるさまざまな「私」「他者」へのポジショニング・ポジション交代の結果によるものであると説いた。本節ではこれにもう一つの自己内対話の心理的機制である「メタポジション（meta-position）」を加えて説く。これで、本章の自己と他者から見る学びと成長の論を終えることとしたい。

メタポジションは、自己世界における私同士の対話、私と他者の対話、すなわち各ポジション（私や他者）のもう一段上で自己内対話を操作するメタ的なポジションを指す。ポジション（私や他者）をもう一段上から眺めるメタ的な私（メタポジション）がいると仮定しなければ、自己内対話は形式的に成立しない。メタ認知の「メタ」は「超えて」「上から」という意味である[60]。メタポジションは、「第三のポジション[61]」や「第三の視点[62]」とも呼ばれる。

前節での古文のリフレクションにおける事例「問う私」「答える私」の自己内対話では、それぞれの私に伴う経験や出来事、付随する感情が少なく、結果としてそれぞれの私が持つ世界は比較的小さなものである。

他方で、図表8で示したような、たとえば「教師としての私」や「クラブ顧問としての私」「人と関わるのが好きな私」「ださい私」となってくると、それらの私は、現在の生活や活動について、これまでの人生における経験や出来事、付随する感情について豊かに情報を持ち合わせていることが多い。それらについて語るように求められると、十分でも一時間でも話すだけの情報量を持ち合わせていることも珍しくない。理論上では、「問う私」「答える私」と同じ私であるが、持ち合わせる情報量に関しては比較にならないほどの差がある。

メタポジションが自己内対話として理論的に必要とされるのは、このような情報量を豊かに持ち合わせた私同士が衝突したり葛藤したりするようなときである。すなわち、私同士がそれぞれに現在の生活や活動について、これまでの人生における経験や出来事、付随する感情について豊かな情報を持ち合わせ、ときに相反する価値観を持つような私となっており、そのような私同士が衝突する、葛藤するような自己内対話のときである。自己内対話の舞台に上がる二つあるいはそれ以上の私から一定の距離を取って、それぞれの私、私同士の関係をポジショニングしたりポジション交代をしながら吟味し、そうして衝突や葛藤を解決するようなときである。大人の葛藤事例で代表的なものとしては、仕事と家庭の役割葛藤（仕事の私と家庭の私との葛藤）や、近年話題になっているワークライフバランスの問題が挙げられる。

学校生活の中で代表的な私同士の葛藤事例は、勉強とクラブ活動の両立であろう。「勉強する私」「クラブ活動をする私」それぞれに、現在の生活や活動について、これまでの経験や出来事、付随する感情について豊かに情報を持ち合わせている。それぞれの私に固有の価値があり、両者は必ずしも相容れないことが多い。しかし、一日、一週間の時間は有限であり、あれもこれもとできない事情がある。そのような状況下で私同士の衝突や葛藤が生じると、自己内対話の舞台がお膳立てされる。

看護学生の臨地実習における私同士の葛藤事例も紹介しよう[63]。実習前は、「学内の教科書的知識＝現場の実践である」と考える私がいた。しかし、実習に入ると、「教科書のやり方は現場の実践では通用しない。個別性のある多様な看護が実践されている」という現場ならではの実践を知った私がいる一方で、「時間やコストを削減した効率的なやり方が実践される。現実的だが、丁寧さや配慮に欠けたやり方が実践されている」という現場の難しさを知った私もいる。実習を通して学生は、現場の実践の重要性を知りながらも、現場のいい加減さや危うさをも知るという、アンビバレントな感情を抱くようになった。言い換えれば、二つあるいはそれ以上の私同士が衝突・葛藤している状況である。

実習を終えるにあたって学生は、学校で教科書的知識を学習する私と将来現場で実践する私との関係を次のように整理した。

教科書通りのやり方は、現場の実践の効率性や個別性に対応していない。しかし、現場の実践は丁寧さや配慮に欠けているため、鵜呑みにできない。教科書は、従うべき道具ではなく、現場の実践を批判的に見させてくれる道具である。柔軟に扱うべきものである。（筆者が要約）

看護学生の事例で、衝突・葛藤の原因となっているある私にポジショニングし、別の私にポジショニングし直し（＝ポジション交代）、そうして私同士の関係を吟味して調整・解決したのは、メタポジションとしての私である。H・ハーマンスとA・ハーマンス－コノプカ[64]は、メタポジションの機能を次の八点にまとめて提示している。

①メタポジションは、対象となる複数のポジションに対して適当な距離を取る。もちろん、メタポジションであるから、それらのポジションに、認知的にも情緒的にも惹きつけられてはいる。

②メタポジションは、複数のポジションを同時に見渡し、相互関係が見えるように、俯瞰的な視点を取るものである。

③メタポジションは、複数のポジションを評価し、組織化する。
④メタポジションは、個人史（あるいは所属集団や文化の歴史）の一部としてのポジション同士のつながりを見えるようにする。
⑤メタポジションは、ポジションへの関わりの程度を自覚するようになる。
⑥メタポジションは、将来の自己の発達にとって重要となる、一つあるいはそれ以上のポジションを明確化する。
⑦メタポジションは、あるポジションと対立するポジションとが重要な対話的関係に入っていくような対話的空間を創り出そうとする。
⑧メタポジションは、意思決定と人生の方向性を見つけるための、しっかりした基礎を与えてくれる。

もちろん、私同士の衝突や葛藤が生じれば、すぐさま自己内対話に入り調整・解決されるわけではない[65]。私同士が衝突しても、どちらの私も重要だとして積極的に問題を解決しないこともあれば、一方の私に固執し他方の私を認めないこともある。看護学生の事例のように、メタポジションとしての私が私同士の衝突・葛藤を調整することもある。ここから先は、実践的な問題である。

14　小括

本章では、他者との対峙（他者性）を通して発現する一個存在を自己として措定し（＝自他分別）、それを再帰的に認識する力学を、他者が自己に先立つという人の発達メカニズムをもとに説明した。この自己と他者の観点から見るとき、講義一辺倒の授業においてさえ、生徒は他者との関係の中で学習をしていることがわかる。アクティブラーニングにおけるペア・グループワーク、発表であれば、他者との関係や対峙は直接的な仕掛けとなり、自己を動機づけたり学びを深めたりすることに繋がる。

対話的な学びは、他者との有意味な相互作用を伴うものであり、それは表象的な他者との対話でもある。このように考えると、表象的な他者は実在他者である必要はなく、生活空間を共有しない、あるいは架空の人物などのメディアの他者へと拡張されることになる。そして、対話的な学びは自己内対話とも同義となり、自己と他者との観点から学習を見る最大の焦点となる。

注

3　「一般的な他者（generalized other）」の概念はミード（1995）を参照。
4　心の理論研究の展開については、子安・木下（1997）、熊谷（2004）を参照。

5　自己が他者を受けて発達していくことを論じた初期の論は、ミード(1995)にある。ミードは、他者の態度を自身に取り込み(*Me*)、それに相対する主体の自己(*I*)の組織的な構造を説いた。近年の進化的・発達的な観点からの同説には、Tomasello (1995)、佐藤 (2016) を参照。

6　相良 (2008) を参照。

7　「表象 (representation)」とは、心に思い浮かぶあらゆるもののことである。認知心理学では、「あるもの」の表記、記号、シンボル、あるいはそれらの集合のことと説明される(大久保, 2011)。

8　Damon & Hart (1988) を参照。

9　Damon & Hart (1988) は、幼児期に特徴的な身体的自己が幼児期だけで形成されるものではなく、その後の児童期・青年期の発達期においても形成され続けること、逆に、青年期に特徴的な心理的自己の形成は、青年期ほど特徴的ではなくとも、幼児期にも見られることを強調している。

10　飯島 (1992) を参照。

11　同章注10を参照。

12　メタは「超えて」「上から」という意味であるから、メタ認知とは認知を上から俯瞰して認知することである。第1章「9」ほか、三宮 (2008)、ダンロスキー・メトカルフェ (2010) も参照。

13　同章注12を参照。

14　はじめに注1を参照。

15　ズレに立ち向かい解決していくという見方は、「対決 (confrontation)」という用語でカウンセリング技法を考案したHermans & Hermans-Jansen (1995) の〝自己対面法 (Self Confrontation Method)〟に認められる(日本語での説明はハーマンス・ケンペン, 2006 を参照)。邦訳では、confrontation が「対面」と訳されているが、語の原義からは「対決」と訳した方が適切な言葉である。

16 はじめに注1を参照。

17 はじめに注1を参照。

18 はじめに注1を参照。

19 「フロー（flow）」はチクセントミハイ（2000）が提唱した概念で、生活に意味づけと楽しさを与える強い没入経験を表す概念である。フローと内発的動機づけとの分別については石田（2010）で議論されている。

20 適正処遇交互作用（ATI: aptitude treatment interaction）の考え方は古くからあるが、心理学のパラダイムとして遡るのは、L・クロンバック（Cronbach, 1957）の論である。適性と処遇が互いに影響を与え、結果や達成を規定するという関係性を表す（詳しくはSnow, 1991を参照）。教育心理学の教科書でよく取り上げられるのは、ある学習者には教授法Aが向いており、別の学習者には教授法Bが向いているといったように、ある処遇にはそれに合った学習者の適性があるというものである。

21 はじめに注1を参照。

22 「前に出てきて発表」は、桐蔭学園のYouTubeビデオでたくさん場面が紹介されている。解説付きのウェブページをご覧いただきたい。
（桐蔭学園）桐蔭学園のアクティブラーニング型授業の改革2015―YouTubeビデオの解説
http://smizok.net/education/subpages/a00006(toin_AL2015).html

23 Carver & Scheier（1978）は、参加者が、鏡や聴衆を面前にして自己意識を高めることを実験的に実証している。

24 はじめに注1を参照。

25 同章注12を参照。

26 体験から経験としての学びにすることについては、鹿毛（2019）に詳しく説かれている。

27 矢野（2003）、37頁より。なお矢野は、このような目的的志向を持つ「経験」に対して、非目的的であり、生産労働に必ずしも関わらない、世界と十全に関わる「体験」の教育的意義を説いている。

28 はじめに注1を参照。

29 はじめに注2を参照。

30 頭の中にある知識や考えを繋ぐときに思考が働くことについては、はじめに注1、59〜62頁を参照。

31 はじめに注2を参照。

32 三宮（2008）は、メタ認知を記憶領域の知識の観点から「メタ認知的知識」（人間の認知特性についての知識、課題についての知識、方略についての知識）と情報処理の観点から「メタ認知的活動」（モニタリングとコントロール）に分ける。本書では、Brown（1987）と同様に、教育活動を促すメタ認知的活動を主に取り上げる。

33 河井（2017）は、リフレクション（振り返り）のプロセスを促進する動機に、望ましい実践になるまで実践をある方向に向けて修正・更新する「方向づけ」があると説く。そのために、内化と外化も付随する。この方向づけは、本論での「フレーム」「リフレーム」に相当するものである。

34 和栗（2010）を参照。

35 佐藤（1995）を参照。

36 佐藤（2001）を参照。

37 Schön の"The reflective practitioner"（1983）の二冊の翻訳書を参照されたい。

・ショーン, D.（著）佐藤学・秋田喜代美（訳）（2001）. 専門家の知恵―反省的実践家は行為しながら考える―　ゆみる出版

・ショーン, D. A.（著）柳沢昌一・三輪建二（監訳）（2007）. 省察的実践とは何か―プロフェッショナルの行

為と思考―　鳳書房

38　近年の教育における(社会)構成主義的な学習への転換について、主に義務教育については、佐藤(1996)や中村(2001, 2007)を、高等教育については溝上(2014a)を参照。

39　佐藤(1995)を参照。

40　佐藤(1995)、74～75頁より。

41　同章注7を参照。

42　ジェームズ(1992)を参照。なおジェームズ(1992)では、自己(客我)の種類を「物質的自己」「社会的自己」「精神的自己」と説いているが、本書では精神的自己を「心理的自己」と置き換えて論じている。

43　ジェームズ(1992)、246頁より。括弧内は筆者が挿入。

44　Becker (1971)を参照。

45　溝上(2008)の図7―1(114頁)を改変したものである。

46　金川(2012)は、さまざまな私と呼ばれてきたものが、自己の統一体を基礎としながら「さまざまな私」と見なすのか(=多元的自己[multifaceted selves])、状況に即応した複合的自己(さまざまな私)と見なすのか(=多数的自己[multiple selves])、自己論の歴史的展開をふまえて整理している。本書では、多数的自己の立場で論じている。

47　同章注45を参照。

48　ハーマンス・ケンペン(2006)に詳しい。

49　同章注37を参照。

50　同一化(identification)は、精神分析で多く用いられてきた用語である。ある人物の考えや性格、行動などを自身の特徴として取り込む心理的機制を指す。一般的に、小説やマンガ、映画などの主人公に感情的に一体化して「同一視（identification）」するときに用いられるように、AとBとの同一化（性）を問うときに用いられる。詳しくは溝上（2008）を参照。

51　榊原（2003）を参照。そこでは、「子どもの内なる他者への共感の力の働きをも否定しない道徳教育である」（98頁）と説かれている。

52　「生（ライフ life）」とルビを打つときには、主に「これからの人生（future life）」と「現在の生活（present life）」の二つの生を暗示する。今ここの生（現在の生活）と、今ここにない未来表象としての生（これからの人生）が同時に機能する状態については、本書の第2章「3」の二つのライフとしても論じている。併せて参考にしてほしい。

53　溝上（2010）はこの変遷を、アウトサイドイン（適応）からインサイドアウト（自己形成）への力学変化として論じている。アウトサイドインとは、自己の外側（環境）にポジショニング（本書の第1章「12」を参照）して、内（自己）を環境に適合させる適応の力学である。それに対してインサイドアウトとは、自己の内側にポジショニングして、そこから外側（環境）に適合していく自己形成の力学である。

54　溝上責任編集（2015, 2018）を参照。

55　10年トランジション調査のデータ分析で、高校生を七つの生徒タイプ（勉学タイプ・勉学そこそこタイプ・部活動タイプ・交友通信タイプ・読書マンガ傾向タイプ・ゲーム傾向タイプ・行事不参加タイプ）に分けた分析がある（溝上責任編集，2015の第1章を参照）。将来の見通しを持っているのは、このうち〝勉学タイプ〟（二五・一％）、〝勉学そこそこタイプ〟（七・八％）である。この二つの生徒タイプを合算すると三二・九％（約三三％）となる。

56　ポジション（position）、ポジショニング（positioning）の説明は溝上（2008）を参照。文中で紹介するように、ポジショニングはRies & Trout（1981）のマーケティング戦略で用いられ始めた概念とされるが、ほか

Bamberg (1997) のナラティブ論でも使用されている。また、自己内におけるポジショニングの性質・機能についてはHermans (2004) でまとめられている（ただし、Hermansは「ポジション」という用語を使用している）。

57 Ries & Trout (1981) を参照。

58 心理学では、ごっこ遊びは「役割遊び」として概念化され（岡本・菅野・塚田―城, 2004）、子どもは世の中にあるさまざまな他者の役割を遊びを通して学んでいると説かれている。また、他者の役割を取って（＝役割取得［role taking］）行為をするという社会的行為は、G・H・ミード (1995) によって、他者の態度を*Me*として内面化し、その*Me*を受けた*I*が行為することという心理的機制として説かれている。

59 はじめに注2、181～188頁より。

60 同章注12を参照。

61 同章注48を参照。

62 香川 (2012) を参照。

63 看護実習の事例は香川 (2012) より。香川は越境、第三の意味の事例として紹介しているが、本書では自己内対話の事例として読み替え、紹介している。

64 Hermans & Hermans-Konopka (2010) を参照。

65 田島 (2016) では、本書で私同士の衝突・葛藤の解決に関することを、「包摂的越境」「無相関的越境」「共創的越境」と、越境の観点から説明している。

第2章　現代社会で求められる拡張的パーソナリティ

第1章では、現代の学校教育改革で求められる主にアクティブラーニングや主体的・対話的で深い学びの意味を、自己と他者の観点から論じた。

第2章では、自己と他者の観点に時間と空間の観点を加え、拡張的パーソナリティ[66]の問題として生徒の学びと成長を論じる。拡張的パーソナリティは、生徒の学びと成長を未来や社会に拡げて、自己と他者の観点よりももっと大きく議論することを可能にする概念である。第1章の多くの議論が、どちらかといえば一回、一回の学習場面が自己と他者の観点からどのように理解されるかを論じたものであったとすれば、第2章は、その一回、一回の場面を積み重ねて形成される人の認知・行動・感情における一貫した行動パターンから、生徒の学びと成長を論じるものである。

1　現代における社会性

第1章「11」では、メディアが高度に発達した今日において、生活空間を共有しない実在他者や架空の人物などの、メディアの他者が数多く子ども・若者の自己内に取り込まれている状況を見た。そして、進学や職業、生き方という未来表象については、メディアの他者が高校生に大きな影響を及ぼしている調査結果を見た。そのような情報として取り込まれるメディアの他者を、アクティブラーニングなどを通して対話・自己内対話をおこない、リアリティのある他者としていく重要性が説かれた。

本節では、この問題をもう少し掘り下げ、子ども・若者にとってのリアリティのある生活空間がどんどん社会的なものから個人的なものへと縮小化していること、子ども・若者の社会性は親密圏から社会・公共圏へとより外部へ向かって拡げられることで表れるとする見方を提示する。

一九六〇～八〇年代の昭和の時代というのは、都市化が進み、村をはじめとするコミュニティや地域が衰退していく時代である。居住するコミュニティはあっても、そのコミュニティに大人たちはいても、それら・彼らが子ども・若者の生(ライフ)[67]に大きな影響を及ぼすものとはならなくなっていく時代である[68]。

それでも、社会・経済の発展があり、首都圏や大都市をはじめとする社会への求心力が強く働いていたこともあり、子ども・若者は社会の一員としての大人になるべく学校で学び、そして卒業して仕事・社会生活を送っていた。子どもや若者は、大人になる過程で、集団や社会があってこその個人という社会的意識を依然として持っていた。それは、社会、あるいは社会の縮図と見なされた学校に自身を合わせる・適合させるという意味での（学校・社会）適応が強く求められたことからも理解される。もっとも、大人になる過程に学校があるかどうかは別として、社会（コミュニティ）があってこその個人という生存力学や適応、そこから生まれる社会的意識は、文化を問わず人類が多かれ少なかれ歴史的に共有してきた普遍的なものでもある。

平成になりバブル経済がはじけた一九九〇年代以降、それまで積み上げてきた社会のさまざまな仕組みや制度が崩れ、再構築されるようになる。一九七〇年代以降高まった趣味や娯楽を中心とした私生活志向が人びとの生（ライフ）の基礎となり、大型スーパーやコンビニ、チェーン店、インターネットを通した購買など、他者との煩わしい関係性をとらずとも、人びとは日常生活を送れるようになる。仕事、生き方、結婚や性など、個人の多様な価値観が社会的に認められるようにもなり、必ずしも社会の大勢に合わせずとも、生きていけるようになる。こうして社会の求心力は落ち、個人が社会の中で尊重されるようになる。社会がまずあってこその個人であるという社会的意識が、なくならないまでも後退していく[69]。これにメディアの高度な発達が加わり、日常の生活空間とは無関係なさまざまな出来事や、第1章「11」で述べたメディアの他者（芸能人や俳優、学者、スポーツ選手、マンガの主人公など）が情報伝達され、リアリティの乏しい他者が人びとの生（ライフ）に大きな影響を及ぼすようになる。

さらに、LINEをはじめとするSNSが発達し、子ども・若者は親密な他者（友だち）とのやりとりに日々忙殺され、自身の将来や社会について考えるどころか、彼らとの関係性維持で終始している状況が生み出されている。高校生以下の子どもにはとくにこの傾向が顕著である[70]。一九六〇年代以降、学生運動や対抗文化、共同体志向の衰退、個人空間・私生活志向の発展等を社会的背景として、「やさしさ」「ふれあい恐怖症」「コミュニケーション不全」等、若者の対人関係が希薄化していると盛んに論じられた[71]。しかし、浅野智彦は親密圏（具体的な他者への生・生命への配慮・関心によって成り立つ人格的な関係領域）・公共圏（共通する

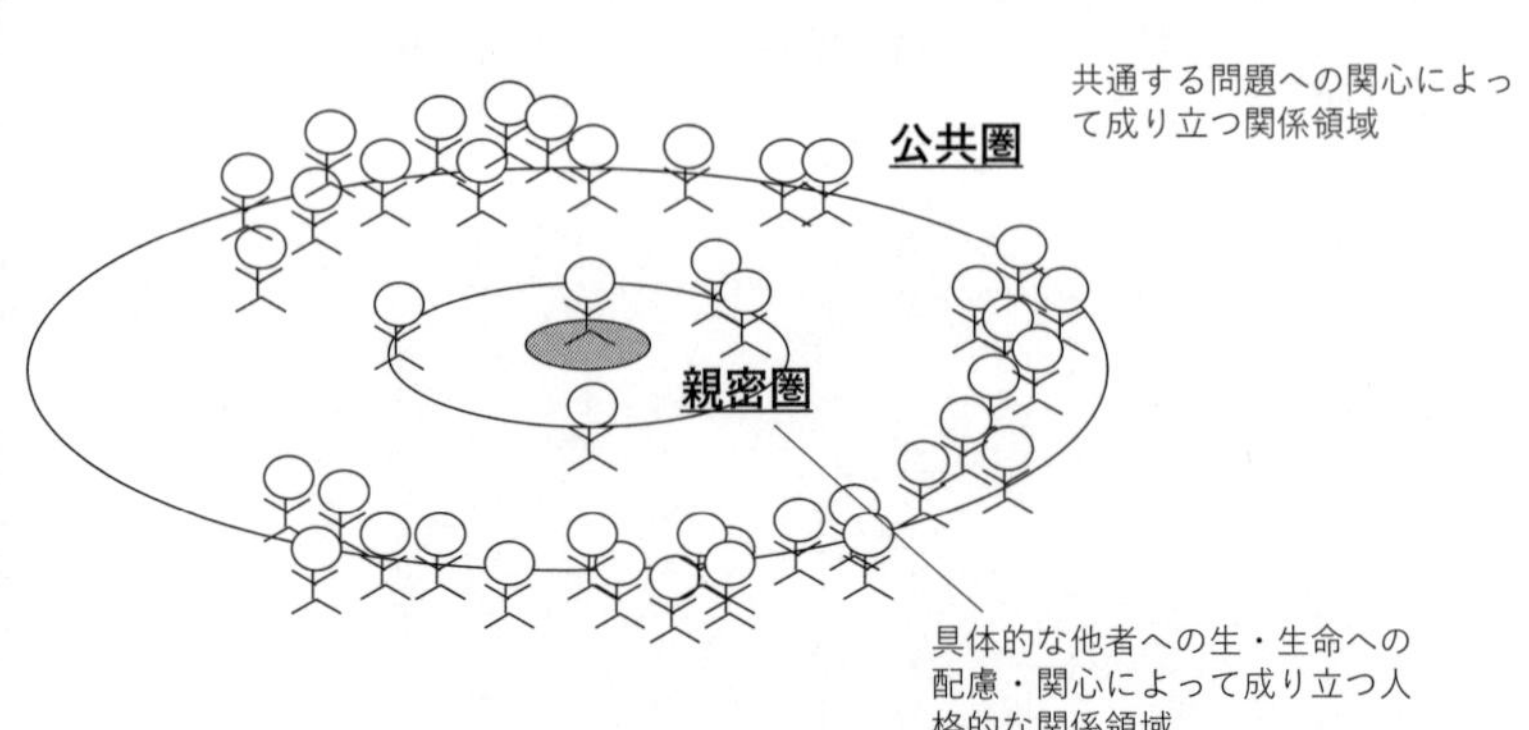

図表 12　親密圏・公共圏のイメージ図
※溝上（2014b）、図 14-2（225 頁）を一部修正

問題への関心によって成り立つ関係領域）の概念[72]を用いて、希薄化しているのは公共圏における対人関係であり、親密圏における対人関係（友人関係）は希薄化しているどころか、むしろ濃密化していると論じた[73]。

図表12は、親密圏・公共圏のイメージ図である。学校や職場、公共ではない社会的関係・活動は親密圏と公共圏の間にあると考えられる。親密圏には親や家族、仲の良い友だちが含まれるので、親密圏はリアリティのある生活世界であるとも言える。その親密圏を拠点として、そこから学校・社会・公共圏へと外側へ志向できれば、子ども・若者の社会性は高いと言え、親密圏の近辺にとどまるようであれば、彼らの社会性は低いと言える。外側の社会や公共圏に適応的に志向することが強く求められなくなっている現代社会において、社会性を持つとはこのようなことである。

２　求められる拡張的なパーソナリティ特性――外向性と経験への開かれ

親密圏を拠点としつつ社会・公共圏へと外側へ志向する態度を社会性と見なすとき、その社会性の弱い人の学校での学習や職場でのパフォーマンスは、いったいどのようなものになっているのだろうか。この社会性は、パーソナリティ特性で言えば他者や外部へと志向する「外向性」に近いものであるから、外向性を測定した最近の調査データから、外向性と学習や職場でのパフォーマンスとの関連を見てみよう。

なお調査では、外向性の他に勤勉性と経験への開かれのパーソナリティ特性も併せて尋ねることとした。「勤勉性」「外向性」「経験への開かれ」はビッグファイブ[74]と呼ばれるパーソナリティ五因子の中の三因子である。

現在のところ仮説の域を出るものではないが、パーソナリティ特性と学校教育で育てる学習態度との対応は次のようなものであると考えている。すなわち、〝勤勉な〟〝計画性のある〟〝几帳面な〟などのパーソナリティ記述への評定から算出される「勤勉性」は、その名が指す通り、学校教育における習得的な学習における、いわゆるまじめで計画的に取り組む学習態度に対応している。学校教育で育てられるべき学習態度の基礎中の基礎であると言えるだろう。〝話し好き〟〝外交的〟〝無愛想な(逆転)〟〝意思表示しない(逆転)〟などのパーソナリティ記述への評定から算出される「外向性」は、近年求められるアクティブラーニングを通して育てられるべき学習態度に対応している。とりわけペア・グループワークなどの議論や話し合いを有意義な活動とするためには、メンバーそれぞれの外向的なパーソナリティ特性を必要とするだろう。最後に、〝好奇心が強い〟〝想像力に富んだ〟〝進歩的〟〝臨機応変な〟などのパーソナリティ記述への評定から算出される「経験への開かれ」は、既知の世界に満足することなく、世の中の新しい課題や正解が一つとは限らない開かれた問題などに積極的に関心を示し取り組む学習態度に対応している。アクティブラーニングで与えられる開かれた問題への取り組みや探究的な学習を有意義におこなうときに必要となるパーソナリティ特性であると考えられる。

これらの「勤勉性」「外向性」「経験への開かれ」は、職場で働く社会人のパフォーマンスとも関連していると考えられる。まず「勤勉性」は、職場で働く基礎的な就業態度に対応する。これは問題ないだろう。次いで「外向性」や「経験への開かれ」であるが、先にこれらは学校教育のアクティブラーニングや探究的な学習を通して育てられる学習態度に対応していると述べた。これらの学習態度は、そもそも変わる日本社会[75]を見据えて学校教育の中で生徒の資質・能力を育てるべく、あるいは私のよく用いる用語で、学校から仕事・社会へのトランジション（移行、以下単に「トランジション」と称することもある）[76]のために求められてきたものである。仕事・社会での必要性を想定してのものであったのだから、社会人の職場でのパフォーマンスに関連するパーソナリティ特性と見なして取り扱うことには問題がないと考える。

以上をふまえて、まず大学生（三・四年生）の調査データ[77]から状況を見よう。

勤勉性・外向性・経験への開かれの三つの得点を用いて潜在プロフィール分析をおこなった結果、**図表13**に示す五つのＰタイプが認められた。各得点は一～七点のレンジで計算されているので、中点である四点に基準線を引いている。

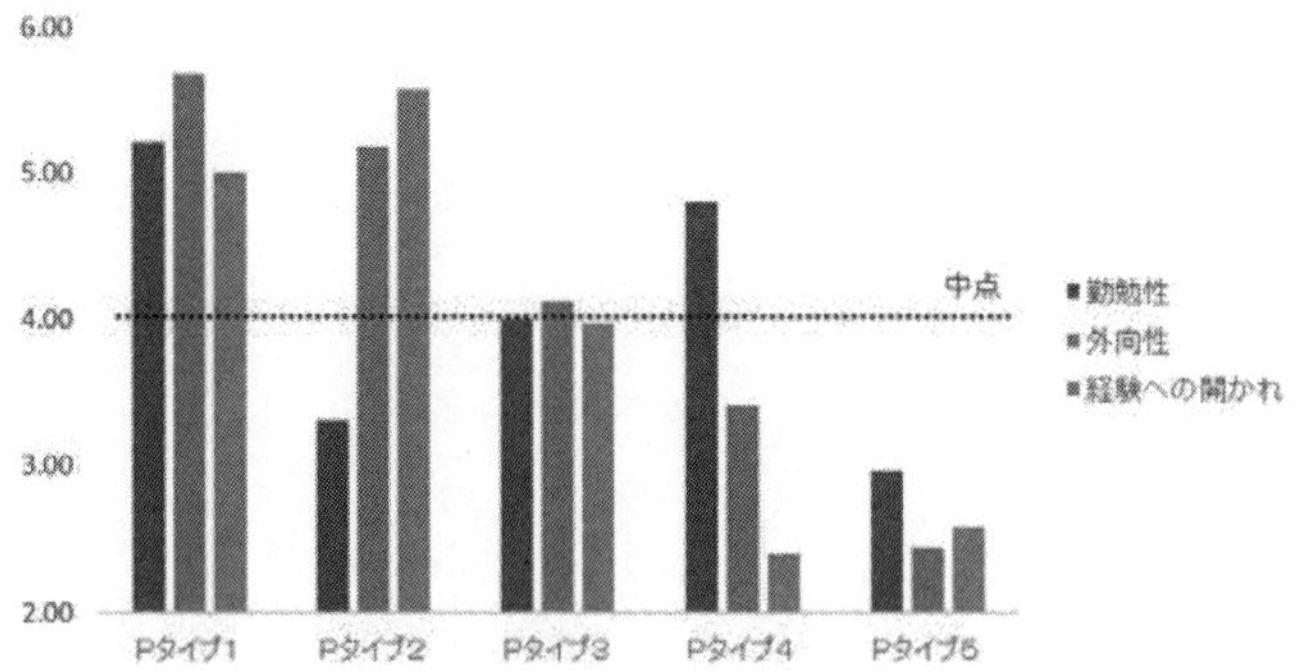

図表 13　パーソナリティ特性を用いた五つのＰタイプ（大学生）

※ウェブサイト 溝上の教育論「(データ) パーソナリティ特性 (ビッグファイブ論) からみる大学生の主体的な学習態度や資質・能力」(準備中の図表より)

※各Ｐタイプの度数 (%) は以下の通りである：Ｐタイプ 1 (230 名、11.2%)、Ｐタイプ 2 (47 名、2.3%)、Ｐタイプ 3 (1,562 名、75.8%)、Ｐタイプ 4 (111 名、5.4%)、Ｐタイプ 5 (112 名、5.4%)、計 2,062 名 (100.0%)

特徴を見ると、Ｐタイプ１は三つのパーソナリティ得点がすべて高いタイプ、Ｐタイプ３はすべて中程度のタイプ、Ｐタイプ５はすべて低いタイプである。他方で、Ｐタイプ２は勤勉性の得点は低いが、外向性・経験への開かれの得点は高いタイプであり、Ｐタイプ４は勤勉性の得点は高いが、外向性・経験への開かれの得点は低いタイプである。もっとも多く見られたのは、Ｐタイプ３（七五・八％）であった。統計的には、出身大学の偏差値による有意差は見られなかった。

図表14に、Ｐタイプと主体的な学習態度、ＡＬ（アクティブラーニング）外化、四つの資質・能力（他者理解力、計画実行力、コミュニケーション・リーダーシップ力、社会文化探究心）との関連を示す。一要因分散分析の結果、いずれもタイプ間で〇・一％水準の有意差が見られた。効果量（η^2）

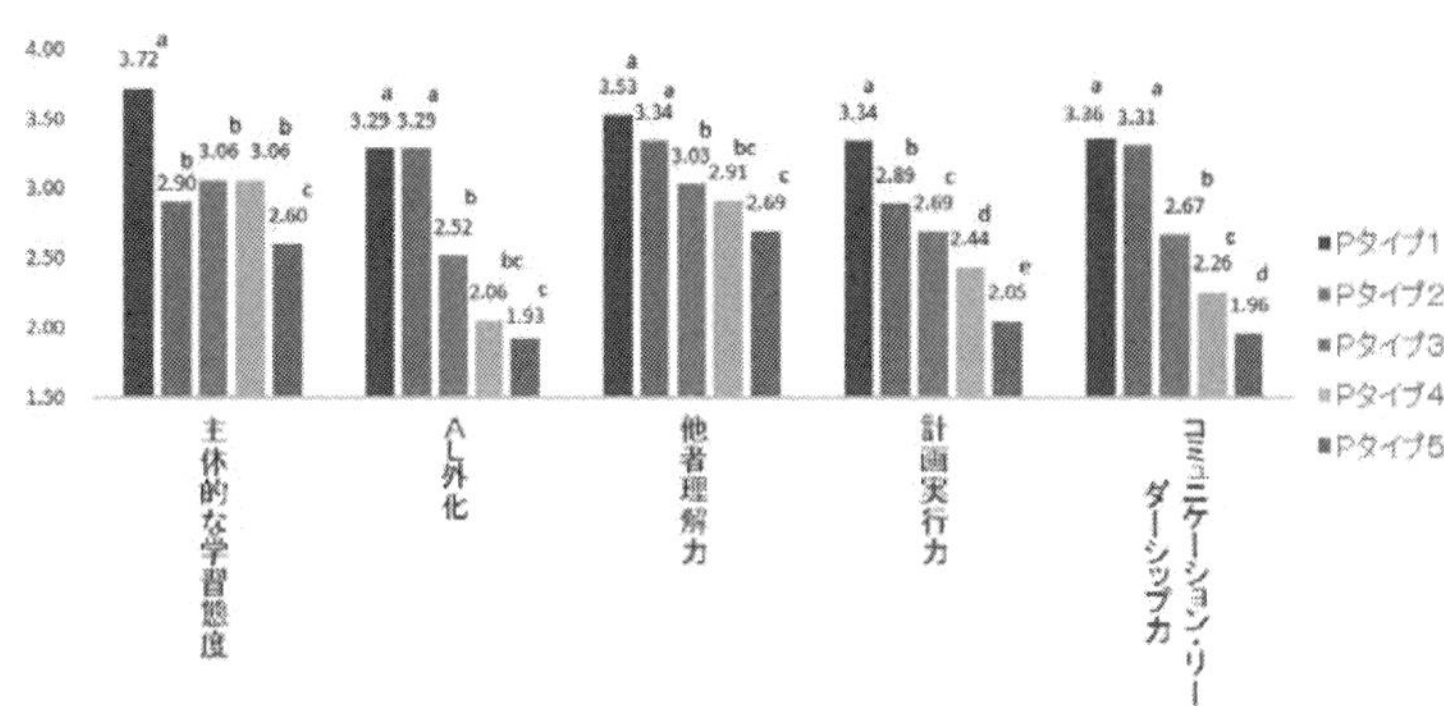

図表 14　Ｐタイプと学習、資質・能力との関連（大学生）

※ウェブサイト 溝上の教育論「（データ）パーソナリティ特性（ビッグファイブ論）からみる大学生の主体的な学習態度や資質・能力」（準備中の図表より）

も中から大と大きく、タイプ間の差が十分認められるという結果であった。

タイプ間の得点差をＴｕｋｅｙ法（多重比較）で検討した結果、いずれにおいてもＰタイプ１、２あるいはＰタイプ１の得点がもっとも高く、Ｐタイプ５がもっとも低いという結果であった。他のタイプはこれらの中間にあった。なお、タイプ間の差の検定でａ、ｂと記載されれば、ａはｂよりも有意に得点が高い（低い）ことを表している。ａｂというのは、ａとｂに有意な差が認められず、またがっていることを表している。

主な結果を三点にまとめる。

第一に、社会や公共圏へと他者や外部に向けて志向する外向性は、とくにＡＬ外化、他者理解力、コミュニケーション・リーダーシップ力と関連する。外向性の高いＰタイプ１、Ｐタイプ２でこれらの得点が高く、外向性の低いＰタイプ５、Ｐタイプ４で得点が低い。Ｐタイプ４は外向性が低いものの、勤勉性が高いので、主体的な学習態度ではＰタイプ２、Ｐタイプ３と並んで高い得点を示している。

第二に、経験への開かれと外向性は中程度の相関関係を示すので（r=.448, p<.001）、第一で示したことは、経験への開かれについてもほぼ同様に言える。〝好奇心が強い〟〝想像力に富んだ〟〝進歩的〟〝臨機応変な〟などからなる「経験への開かれ」は、言い換えれば、既知の世界に満足することなく、世の中の新しい課題や正解が一つとは限らない開かれた問題などに積極的に関心を示し取り組む態度のことである。社会や公共圏へと外部に向けて志向する態度が外向性であるとすれば、経験への開かれは新しい知識や経験に開かれている態度のことである。いずれも、既知の関係性や知識・経験に満足することなく、他者へ、外部へ、新しいものへと、現存の生活空間を拡張するパーソナリティ特性である点に共通性がある。このように考えると、他者へ、外部へ、新しいものへと拡げる拡張的なパーソナリティ特性が、とくにＡＬ外化や他者理解力、コミュニケーション・リーダーシップ力に関連すると理解される。

第三に、全体で大多数を占めるのはＰタイプ３の学生である（七五・八％、図表13の注を参照）。Ｐタイプ３は、勤勉性・外向性・経験への開かれをいずれも中程度でバランス良く持ちながら大学生活を送っているタイプである。

次に、社会人（25～29歳の正規従業員）の調査データ[78]から状況を見よう。大学生のものとまったく同様に分析をおこない、Ｐタイプの結果を**図表15**に示す。五つのＰタイプの出現やそれぞれの割合は大学生のものとほとんど同じ結果である。

図表16に、組織社会化[79]、能力向上[80]、四つの資質・能力との関連を示す。Ｐタイプ２がＰタイプ１に近い得点を示している点は、大学生と同様の結果である。大学生と異なるのはＰタイプ４の特徴である。Ｐタイプ４はここで取り扱ったすべての指標において P タイプ５に近い得点を示している。大学生であれば、一人で主体的に学習することが望ましい態度として評価されたが、社会人では、少なくとも組織社会化と

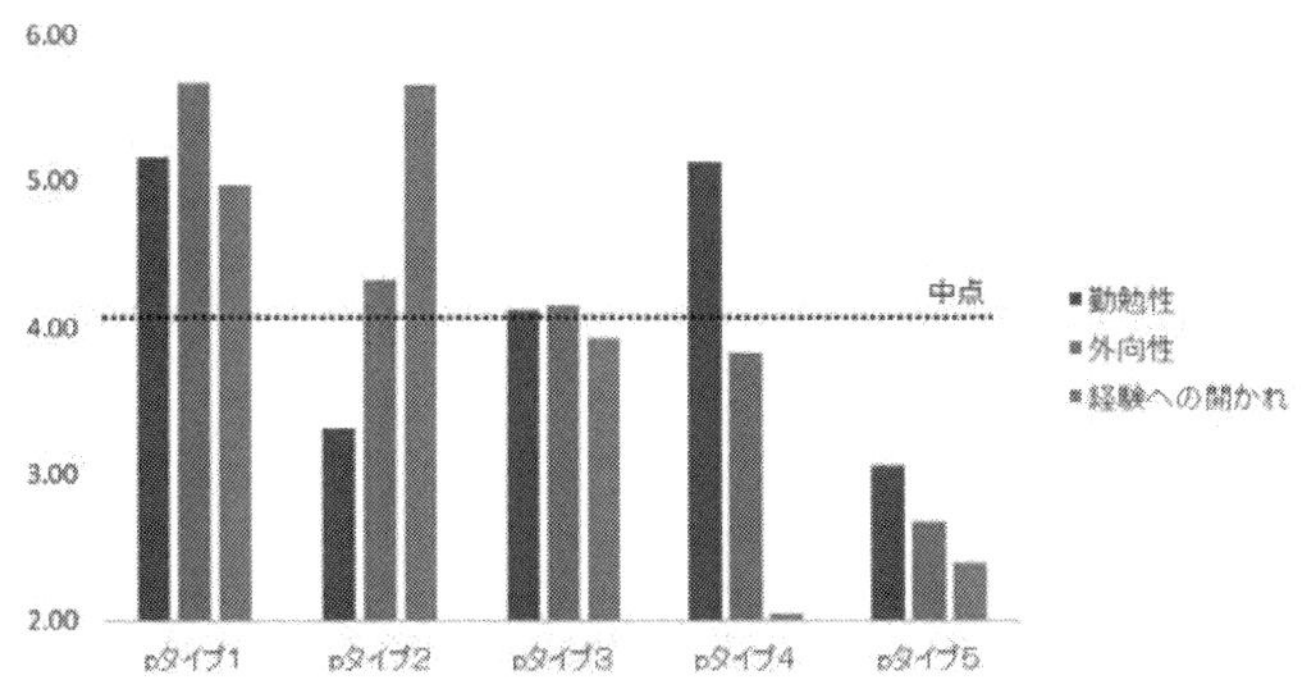

図表 15　パーソナリティ特性を用いた五つのＰタイプ（社会人）

※ウェブサイト 溝上の教育論「(データ) パーソナリティ特性 (ビッグファイブ論) からみるビジネスパーソンの職場適応や能力」(http://smizok.net/education/subpages/a00034(personality5).html) の図表２より

※各Ｐタイプの度数 (%) は以下の通りである：Ｐタイプ 1 (306 名、12.0%)、Ｐタイプ 2 (65 名、2.5%)、Ｐタイプ 3 (1,975 名、77.2%)、Ｐタイプ 4 (86 名、3.4%)、Ｐタイプ 5 (125 名、4.9%)、計 2,557 名 (100.0%)

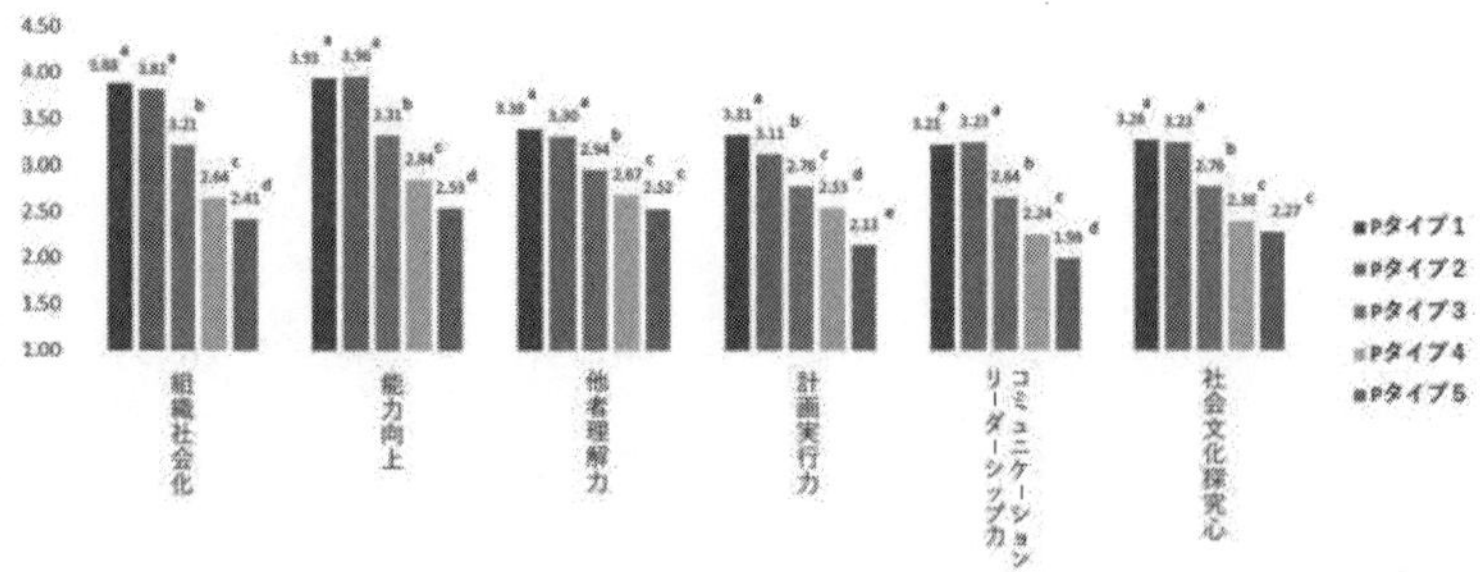

図表16　Pタイプと組織社会化、能力向上、資質・能力との関連（社会人）

※ウェブサイト 溝上の教育論「（データ）パーソナリティ特性（ビッグファイブ論）からみるビジネスパーソンの職場適応や能力」（http://smizok.net/education/subpages/a00034(personality5).html）の図表4より

能力向上に限って見れば、勤勉性だけでは職場のパフォーマンスは高くならない。やはり、外化や経験への開かれを伴うことが重要となるようである。

昭和の時代と比べると現代では、社会があってこその個人であるという社会的意識が後退している[81]。何よりも優先して社会に立脚するとはならないのであるから、社会に繋がっていこうとするかどうかは、結局のところ個人の志向的態度に依存する。しかも、親密圏での関係性維持に相当の時間や労力を割く状況が生まれており、社会への志向性を阻んでもいる。これらのことを自己と他者の観点から言い直せば、身近な他者だけでなく社会的な他者に関心を持ち、世界を自身で社会へ、より他者へ、外側へと拡張していく志向性が個人に求められるようになっている。それが社会性だということになる。

パーソナリティ論としては、外向性や経験への開かれは人の個性を理解するための一特性に過ぎないものである。基本的に良いも悪いもない。しかし、変わる日本社会[82]やトランジション[83]を見据えると、これらの拡張的なパーソナリティ特性が弱いことは、学習や職場でのパフォーマンスも弱くなる可能性を示唆する。それが大学生・社会人データから実証的に明らかにされたのである。

もっとも大学生・正規雇用の社会人に限って言えば、七割の人はPタイプ3であり、勤勉性、外向性・経験への開かれを中程度に持っている。深刻に心配する状況ではない。ここでは、拡張的なパーソナリティが社会性に近いものであり、それが弱いとどうなるかという点を学習や職場でのパフォーマンスと関連させて理解しておけばよい。

3　時間的な拡張を加えて

大学生研究を通して一貫して見出してきた結果の一つは、キャリア意識と学びと成長との密接な関連である。キャリア意識が高い学生はよく学び、資質・能力を身につける傾向があるというものである[84]。

大学生研究で用いてきたキャリア意識の指標は、二つのライフである。二つのライフとは、将来と現在の二つのライフの組み合わせを問うものである。質問では、「あなたは、自分の将来についての見通し（将来こういう風でありたい）をもっていますか」という将来の見通し（= future life）の有無をまず尋ね、〝もっている〟と回答した人には引き続き、「あなたはその見通しの実現に向かって、いま自分が何をすべきなのかわかっていますか。またそれを実行していますか」という、将来の見通しの実現に向かって日々何をしたらいいか、それを行動に移せているかの理解実行（= present life）を尋ねている。分析は、この二つの回答をもとに、〝見通しあり・理解実行〟〝見通しあり・理解不実行〟〝見通しあり・不理解〟〝見通しなし〟の四つのステイタスに分類して進められる。

図表17に、二つのライフの最近の調査結果を示す。〝見通しあり〟と回答した学生は全体の六四・二％（理解実行＋理解不実行＋不理解）であるが、そこから〝理解実行〟まで繋げられている学生は二二・七％に過ぎない。残りの学生は、頭で将来を思い描くだけで、現在の生活や行動にその将来を反映させられていない。もっとも概念的にはそうなのだが、インタビューを通して実際の学生を見てきた印象では、〝見通しあり・理解不実行〟の学生の学びや行動は十分望ましいレベルにあることが多く、私は〝見通しあり・理解実行〟〝理解不実行〟の合算値で、学び成長する学生の割合を見ていいと考えてきた。この基準で図表を見直すと、全体の三一・〇％（二二・七％＋八・三％）の学生が学び成長する学生であると見なされる。

図表には、専門分野別に見た割合も示しているので、併せてご覧いただきたい。四年制・六年制医療系が他の専門分野に比べて〝見通しあり・理解実行〟〝理解不実行〟の割合が高いが、それはこ

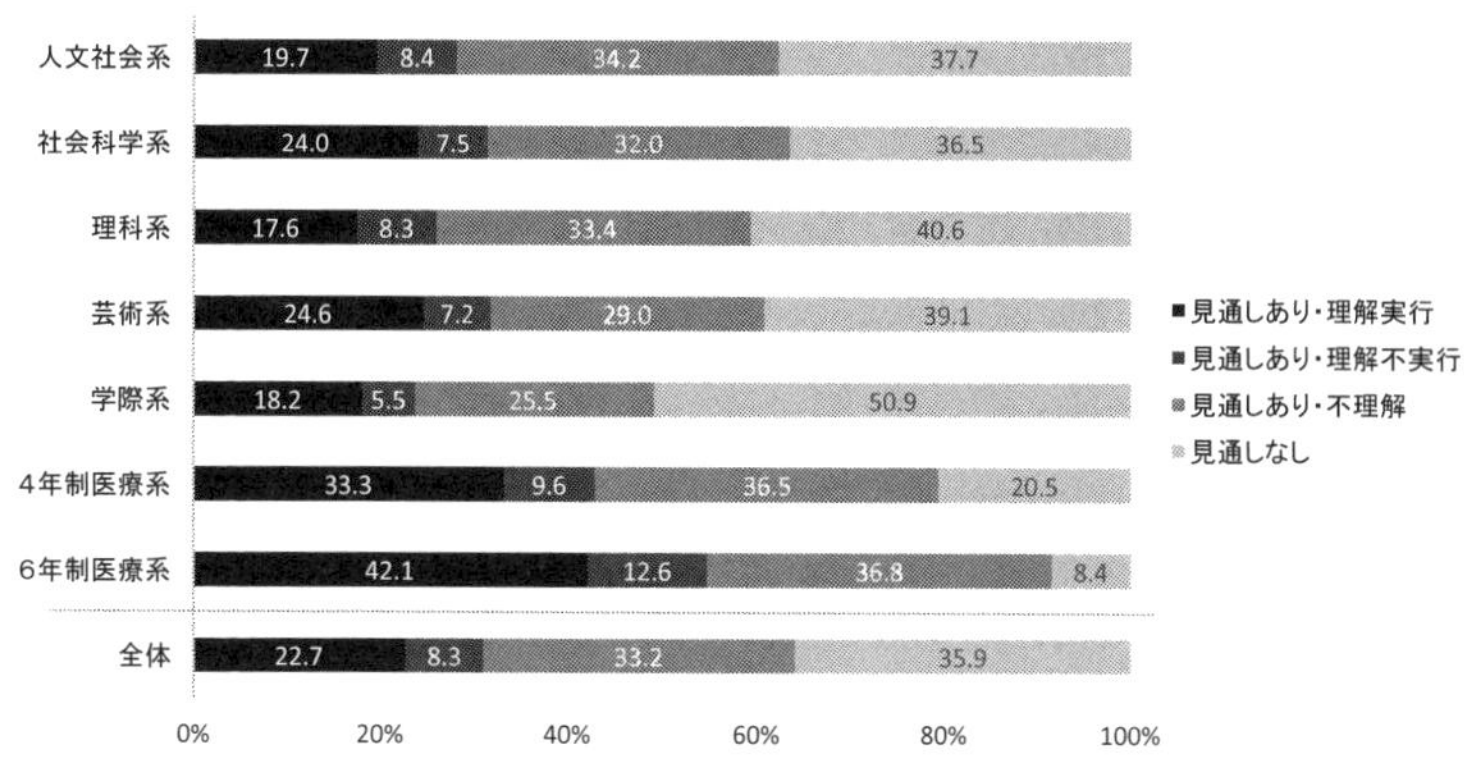

図表 17　大学生の二つのライフ（専門分野別）

※データは、京都大学高等教育研究開発推進センター・電通育英会主催『大学生のキャリア意識調査 2016』（マクロミルによりインターネット調査。大学 1・3 年生 2,000 人［男性 1,118 人、女性 882 人］が参加）

※図表は、溝上（2018c）の巻末資料 2（124 頁）をもとに作成

れらが専門職業人養成の分野だからである。彼らが将来の見通し（医療系専門職）を持っていて、それに向けて日々行動（学習、実習など）しているのは、当然の結果とも言える。もっとも、この結果を医療系の教職員に示すと、彼らが着目するのは〝理解実行〟〝理解不実行〟の割合ではなく、それ以外の〝見通しあり・不理解〟〝見通しなし〟の割合の方である。「医療系学部に入学してきて、〝見通しなし〟や〝見通しあり・不理解〟の割合がこんなに高いのか」と驚かれるのである（合算値は四年制医療系で五七・〇％、六年制医療系で四五・二％）。

　キャリア意識（二つのライフ）が大学生の学びと成長に関連することは、これまで何度も報告してきたことなので[85]、確認をする程度にとどめたい。ここで新たに問題にしたいのは、このキャリア意識(二つのライフ)が前節で取り上げた拡張的なパーソナリティ特性と関連することである。

図表18に、図表13、14の大学生データを用いて、Pタイプと二つのライフとの関連を分析した結果を示す。〝見通しあり・理解実行〟〝理解不実行〟の割合はPタイプ1でもっとも高く(八四・八%)、Pタイプ5でもっとも低い(二八・六%)。逆に、〝見通しなし〟〝見通しあり・不理解〟の割合はPタイプ5でもっとも高く(七一・五%)、Pタイプ1でもっとも低い(一五・三%)。パーソナリティ特性が中程度のPタイプ3は、これらPタイプ1とPタイプ5の中間的な傾向を示している。全体的に、Pタイプと二つのライフは密接に関連していると言える。なお、二つのライフとの関連において、Pタイプ1とPタイプ5の間に50～60%もの差があるこの結果は、かなり衝撃的である。

勤勉性は低いものの外向性・経験への開かれが高い、一般的にはPタイプ1に近い特徴を示すPタイプ2と、勤勉性は高いものの外向性・経験への開かれは低い、一般的にはPタイプ5に近い特徴を示すPタイプ4は、二つのライフとの関連でどのような傾向を示しているだろうか。図表を見ると、Pタイプ2は〝見通しあり・理解実行〟〝理解不実行〟の割合、〝見通しなし〟〝見通しあり・不理解〟の割合いずれにおいてもPタイプ3のそれに近く、Pタイプ4の割合はPタイプ3とPタイプ5の中間的な傾向を示している。Pタイプ4の〝見通しあり・理解実行〟〝理解不実行〟の割合は四二・三%と低く、〝見通しなし〟〝見通しあり・不理解〟の割合は五七・六%ときわめて高い。どちらかと言えば、Pタイプ5に近い傾向である。Pタイプ2とPタイプ4の傾向は、前節で見たもの

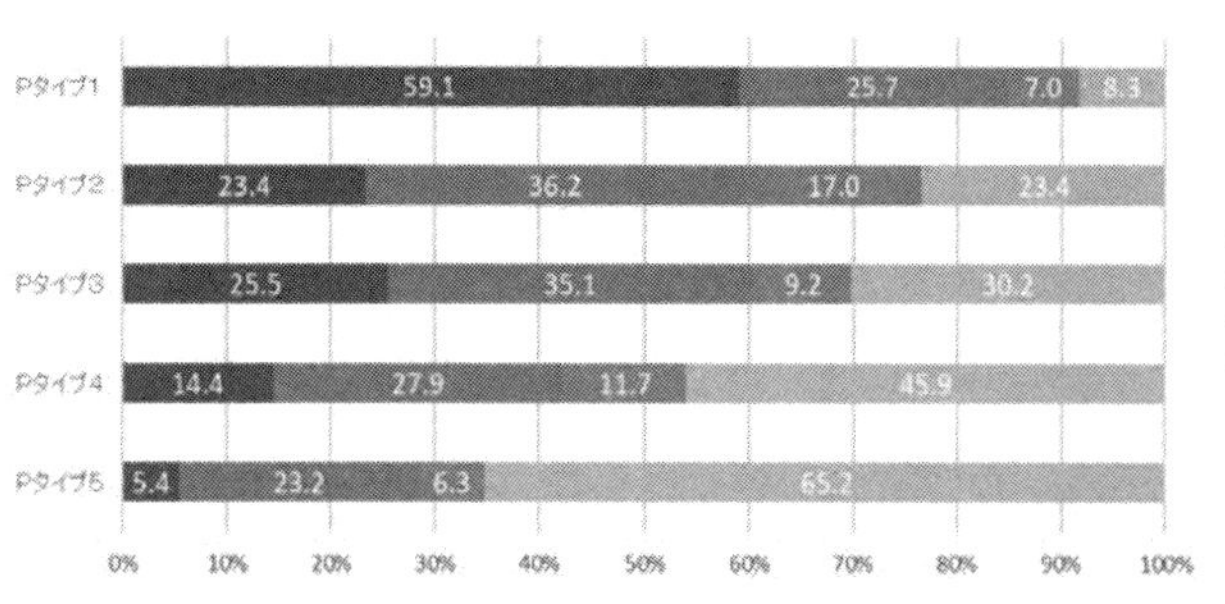

図表18　Pタイプと二つのライフとの関連（大学生）

※ウェブサイト 溝上の教育論「(データ) パーソナリティ特性 (ビッグファイブ論) からみる大学生の主体的な学習態度や資質・能力」(準備中の図表より)

とほぼ同じものを示している。

以上の結果をふまえて、理論的にまとめよう。将来の見通しを持つことは、今ここ(現在)にないこれから起こること、起こってほしいことを思い描くことである[86]。言い換えれば、時間軸を伴った自己世界の未来への拡張である。それが拡張的なパーソナリティ特性と大いに関連を示すというのが図表18で示す結果である。

将来の見通しを持っているか持っていないかの状態は、心理学では将来展望や時間的展望と呼ばれて扱われており[87]、人の一貫した個人的特徴を表すパーソナリティ[88]とは当てている焦点が異なっている。しかしながら、二つのライフが大学四年間で変わりにくいという結果も出ており[89]、青年期から成人期にかけて発達してくるある程度一貫した人のパーソナリティの一つと見なせないわけではない。つまり、将来のことを考えられる、考えられないというのも、良くも悪くもパーソナリティの一つだということである。もしそのように見なせるならば、本書で示す拡張的なパーソナリティ特性には、外向性・経験への開かれだけでなく、この未来志向も加えられることになる。その上で、二つのライフは拡張的なパーソナリティの表れの一つと見ていい。

外向性を指標にした社会性は、人の生活世界において親密圏から社会・公共圏へと、より他者へ、外部へと志向する空間の拡張を問題とするものである。本書では、経験への開かれも緩やかにここに含めている。他方で、ここで取り扱った未来志向は、今ここの現在の自己世界から、今ここにはない未来の、起こりえる事象へと志向する時間の拡張を問題とするものである。いずれも「拡張」という共通性を持つ。

こうして、外向性・経験への開かれ・未来志向からなる拡張的なパーソナリティは、**図表19**に示すような時間・空間的な自己・生活世界の拡張として座標軸で表せることになる。図表の座標軸上には、Pタイプの前述してきた平均的な特徴をふまえてプロットしているが、実際にはそれぞれのPタイプの中に、aのような主に空間だけを拡張している人、bのように主に時間だけを拡張している人も含まれているのでそれも併せて示しておく。aは社会性は高いが、将来のことはあまり考えていない人、bは将来のことはよく考えているが、社会性はあまり高くない人を表している。

外向性とキャリア意識が関連しているという時間・空間的な拡張的パーソナリティを実証す

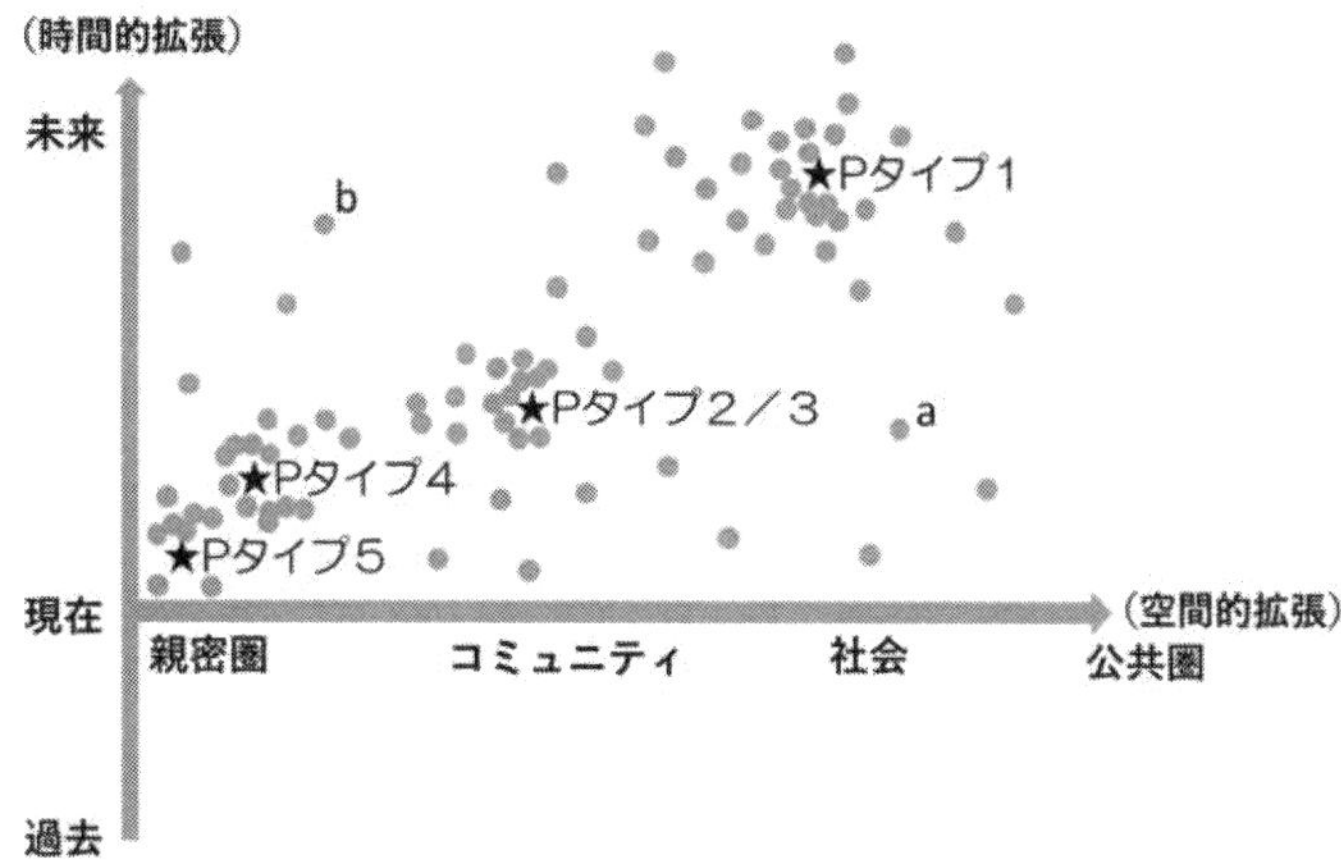

図表19　時間・空間的な自己・生活世界の拡張とPタイプの位置

るデータは、高校二年生（四五、三一一名が参加、二〇一三年一〇月〜一二月実施）を対象とした調査結果からも認められる。さらなるエビデンスとして紹介しておく。

図表20は、高校二年生の項目への回答をもとにクラスター分析した結果である。〝勉学タイプ〟〝勉学そこそこタイプ〟〝部活動タイプ〟〝交友通信タイプ〟〝読書マンガ傾向タイプ〟〝ゲーム傾向タイプ〟〝行事不参加タイプ〟の七つの生徒タイプを抽出している[90]。

この中で焦点を当てたいのは、〝読書マンガ傾向タイプ〟〝ゲーム傾向タイプ〟〝行事不参加タイプ〟である。この三つの生徒タイプは、「初対面の人とすぐ友だちになる」「悩み事を相談する友だちがいる」「一人でいる方が気持ちが落ち着く（逆転）」の友だち関係項目と、「進学先についてよく考えている」「進

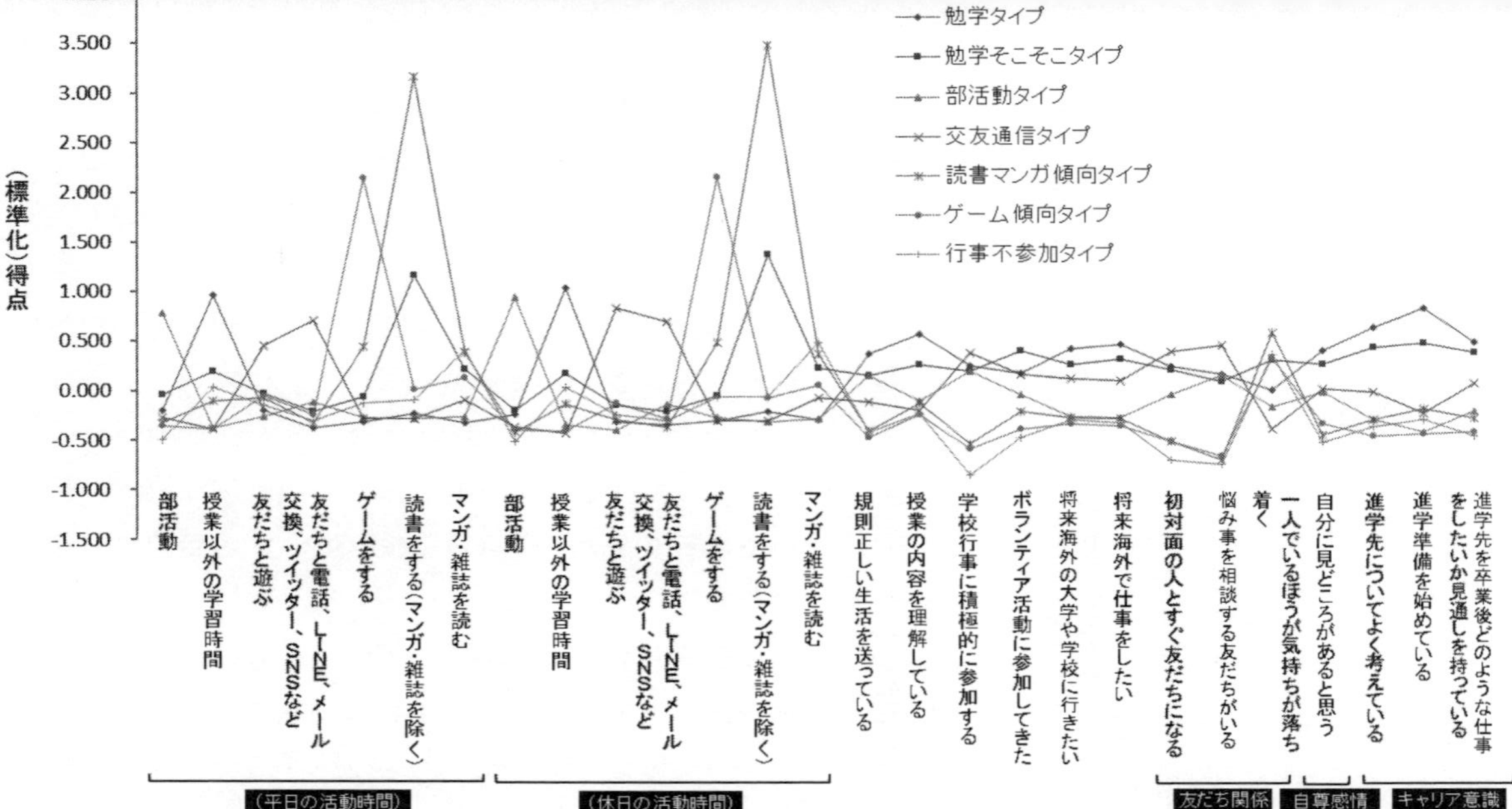

図表 20　高校生の生徒タイプ

※データは図表 9 に同じ。図は、溝上（責任編集）(2015) の図表 1-3（20 頁）より抜粋。分析の手続きも同書を参照のこと

学準備を始めている」「進学先を卒業後どのような仕事をしたいか見通しを持っている」のキャリア意識項目において、得点が七生徒タイプの中でもっとも低い点に特徴がある。社会性、未来志向の得点が共に低い、すなわち拡張的パーソナリティの弱い生徒タイプである。学びと成長との関連を見ても、総じてこれらの三つの生徒タイプは弱い傾向を示す。図表19に照らせば、Pタイプ５に近い。

他方で、七つの生徒タイプの中でもっとも学び成長すると考えられた〝勉学タイプ〟〝勉学そこそこタイプ〟を見ると、キャリア意識は七生徒タイプの中でもっとも得点が高い。友だち関係の得点も高い。総じて〝勉学タイプ〟〝勉学そこそこタイプ〟の社会性（友だち関係意識）、未来志向（キャリア意識）は比較的高く、時間・空間的な拡張的パーソナリティをもった生徒タイプであると言える。学びと成長との関連を見ても、総じてこれらの二つの生徒タイプは力強い傾向を示す。図表19に照らせば、Pタイプ１に近い。

以上の結果は、先に示した自己・生活世界の時間・空間的な拡張を志向する拡張的パーソナリティと学びと成長との関連をさらに裏づけるものである。さらなるエビデンスを集め、本知見を確証していきたい。

4 小括

本章では、外向性・経験への開かれ・未来志向からなる時間・空間的な拡張的パーソナリティが、生徒の学びと成長を力強く促進することが実証的に示された。それは、自己と他者の観点に時間と空間の観点を加え、幼小時以来積み重ねてきたある程度一貫したパーソナリティ特性から、生徒の学びと成長を見る視座である。

昭和の時代に比べると、まず社会があってこその個人であるという社会的意識が後退している。そのような中、外向性や経験への開かれといった空間的な拡張は、現代社会における人の社会性を表すパーソナリティ特性ではないかとも論じられた。理論的に接合するわけではないながらも、実証的には、空間的な拡張パーソナリティを持つ生徒が時間的な拡張パーソナリティをも併せ持つ場合が多く見られ、総じて生徒の学びと成長と時間・空間的な拡張パーソナリティとの間には、大きな関連性が認められると議論された。

注

66 「パーソナリティ（personality）」とは、人の精神の働きや原理、一貫した個人的特徴としての個人差や独自性を表す概念である。詳しくは、本書第４章「３」を参照。

67 第1章注52を参照。

68 一九六〇年代以降のコミュニティ・地域の衰退については、溝上(2010)、はじめに注1第4章を参照。

69 第1章注53を参照。

70 土井(2004)の「友だち地獄」論を参照。

71 たとえば岩間(1995)、小谷(1993)、小此木(1985)を参照。

72 親密圏・公共圏の概念は、齋藤(2000, 2003)を参照。

73 浅野(2006, 2011)を参照。

74 「ビッグファイブ(Big Five)」とは、パーソナリティ五因子特性のことである。パーソナリティ表現は、古くオルポートら(Allport & Odbert, 1936)の研究によれば、四〇万語収録の辞書“New Webster International Dictionary”から一七、九五三語を選ぶことができるとされ、日本では六六、〇〇〇語収録の辞書『明解国語事典』から三、八六二語を選ぶことができるとされる(青木, 1971)。しかしながら一九八〇年代以降、これらのパーソナリティ表現は大きく五つの基本的特性因子にまとめられるビッグファイブ論が多くの研究者から提示されるようになり(Digman & Takemoto-Chock, 1981; Goldberg, 1981; McCrae & Costa, 1987; Noller, Law, & Comrey, 1987)、今日パーソナリティ研究の確固たる知見となっている(Goldberg, 1992; John & Srivastava, 1999; McCrae & John, 1992)。

75 変わる日本社会は、国際的に、とりわけ先進国で一様に見られる「変わる社会」(知識基盤社会、生涯学習社会、社会の情報化・グローバル化、ＡＩ、ＩｏＴ)に、少子高齢化・人口減少といった日本固有の問題状況を加えて指している(はじめに注1の第4章を参照)。

76 「学校から仕事・社会へのトランジション(transition from school to work / social life)」は、二つのトランジションをまとめたものである。一つは、「学校から仕事へのトランジション(school-to-work

transition)」と呼ばれるもので、生徒学生の学卒後の職業生活への移行を問題とするものである。もう一つは、「(青年期から)成人期へのトランジション(transition to adulthood)」と呼ばれるもので、社会的・発達的に(青年期から)大人への移行を問題とするものである。詳しくは、私のウェブサイト「(理論)学校から仕事・社会へのトランジションとは」(http://smizok.net/education/subpages/a00022(transition).html)を参照。

77 調査は、マクロミルというインターネット会社を通してオンライン調査でおこなわれた。全国の大学三・四年生二、〇六二人(男性一、一三四人、女性九二八人)が調査に参加した。ここで示す調査結果は、私のウェブサイトで「(データ)パーソナリティ特性(ビッグファイブ論)からみる大学生の主体的な学習態度や資質・能力」(準備中)としてレポートにまとめ、公開を予定している。調査の内容や分析手続き等に関心のある読者は参照されたい。

78 調査は、マクロミルというインターネット会社を通してオンライン調査でおこなわれた。正規従業員二五~二九歳二、六四〇人(男性一、五〇〇人、女性一、一四〇人)が調査に参加した。ここで示す調査結果は、私のウェブサイトで「(データ)パーソナリティ特性(ビッグファイブ論)からみるビジネスパーソンの職場適応や能力」(http://smizok.net/education/subpages/a00034(personality5).html)としてレポートにまとめ、公開している。調査の内容や分析手続き等に関心のある読者は参照されたい。

79 組織社会化は、「組織への参入者が組織の一員となるために、組織の規範・価値・行動様式を受け入れ、職務遂行に必要な技能を習得し、組織に適応していく過程」(高橋, 1993, 2頁)と定義される、組織参入への社会化の一つを指す。舘野(2016)が述べるように、大学卒業後フルタイムの職に就いても、職場や組織への適応がうまくいかなかったり離転職に至ったりすることがあることから、若年キャリアのビジネスパーソンを対象としたトランジション研究では、組織社会化の状態を検討することがまず重要だとされる。

80　ここで測定したのは、人が職場において向上させる能力である。中原(2010)を一部修正した、六つの下位尺度「業務能力向上」「他部門理解促進」「部門間調整能力向上」「視野拡大」「自己理解促進」「タフネス向上」から成る計一四項目の尺度(舘野・中原, 2016)である。

81　第1章注53を参照。

82　同章注75を参照。

83　同章注76を参照。

84　10年トランジション調査の四時点目までの報告書を参照。「(データ)高校二年生から大学四年生まで生徒はどう変わったか?―『10年トランジション調査』中間報告」(『Be a Learner―未来のマナビを考える―』サイト 要会員登録　https://be-a-learner.com/5296/)

85　レビューは溝上責任編集(2018)、溝上(2018c)を参照。

86　Markus & Nurius (1986; 1987)は、理想自己(～になりたい)や義務自己(～すべきである)、恐れ(～になりたくない)など、起こりえる自身の表象を「可能自己(possible selves)」と呼んで、それが現在の自己の感情や動機に与える影響を検討した。

87　心理学における将来展望(future perspective)や時間的展望(time perspective)の概念や研究の動向については、都筑・白井(2007)を参照。

88　同章注66を参照。

89　同章注84を参照。

90　溝上責任編集(2015)、第1章を参照。

第3章　エージェンシー

最近、専門家や教育イベントの中で、ＯＥＣＤの「学習者のエージェンシー」が取り上げられることが増えている。本章では、まずこの「学習者のエージェンシー」がいかなるものかを紹介し、それが第2章で取り上げた時間・空間的な拡張的パーソナリティの表れたものであると考えられることを論じる。さらに、エージェンシーを一般的な論として発展させ、近接概念としてよく取り上げられる自己効力感やアイデンティティー型エージェンシー、自己決定理論、自己関連づけ・自己生成の概念をエージェンシーの観点から関連づける作業をおこなう。

1　ＯＥＣＤの学習者のエージェンシー

ＯＥＣＤ（経済協力開発機構）は二〇一五年から「Education 2030 プロジェクト（The Future of Education and Skills 2030 project)」に取り組んでおり、その中間報告に当たるポジションペーパー（以下、ペーパー）を二〇一八年に出した[91]。このプロジェクトは、二〇三〇年という近未来において子どもたちに求められるカリキュラムや教授法、学習評価などについて検討しているものである。このペーパーの中で「学習者のエージェンシー（learner agency）」という概念が提示されており、文部科学省からの紹介もあって、ときどき専門家や教育イベントの中で取り上げられる。

本節ではＯＥＣＤの学習者のエージェンシーを紹介して、その後、このエージェンシーが第２章の「３」で取り上げた二つのライフ（キャリア意識）、さらには拡張的パーソナリティと密接に関連することを論じる。政府やＯＥＣＤで提示される概念と、関連する学術的・実践的な概念との相違を明らかにすることが本節での目的である。

ＯＥＣＤの学習者のエージェンシーがいかなるものか、ペーパーの中で明確に定義されていないが、ペーパーの言葉をできるだけ拾って説明すると次のようになる。

学習者のエージェンシーとは、学習者（生徒）が複雑で不確かな世界を歩んでいく力のことであり、自らの教育や生活全体、社会参画を通じて、人びとや物事、環境がより良いものとなるように影響を与える力である。このためには二つの力を必要とする。

・進んでいくべき方向性を設定する力

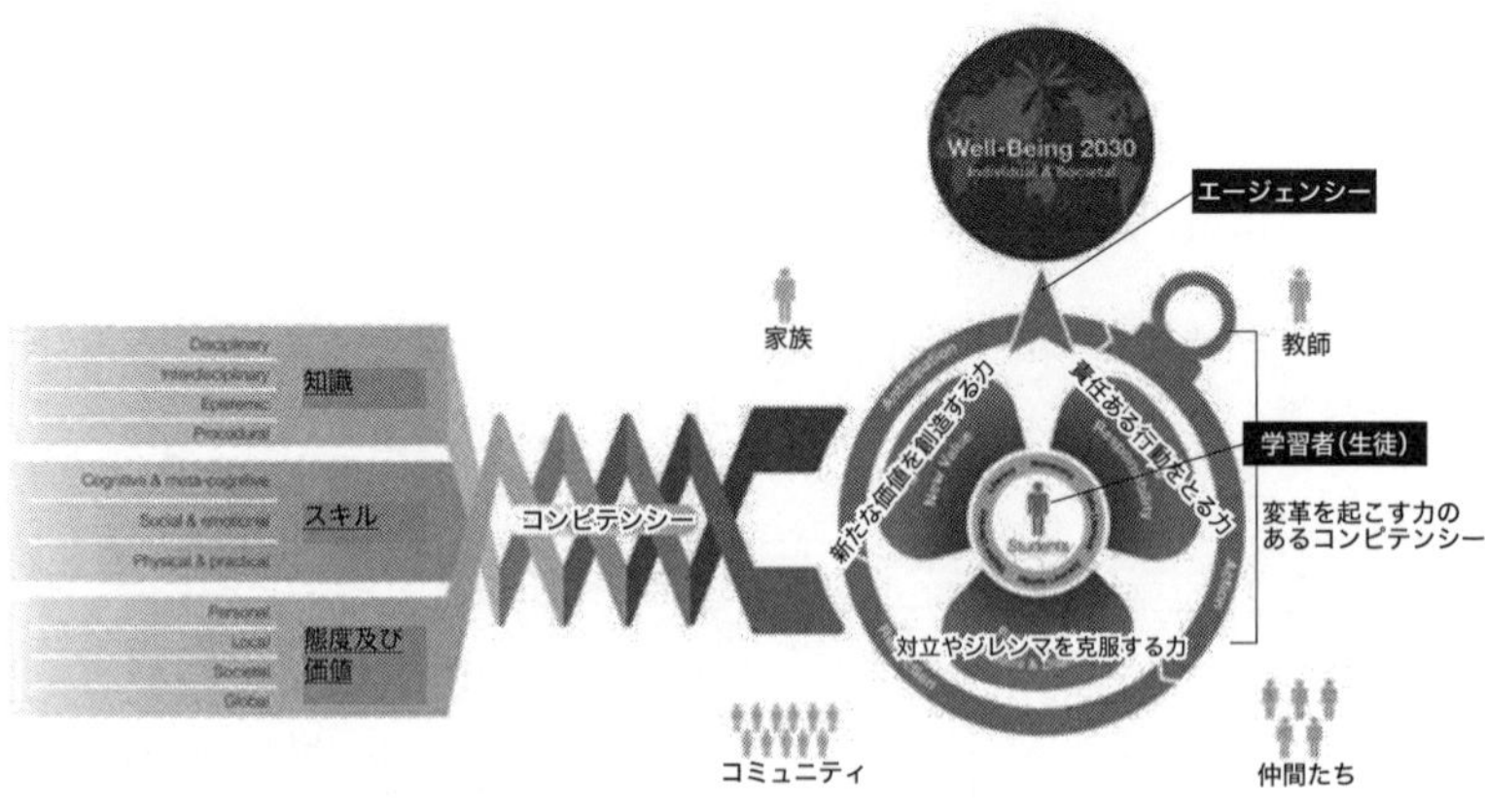

図表21　OECD Education 2030「学びの羅針盤」

※ OECD〝Education 2030: The Future of Education and Skills〟Figure 1（4頁）を一部改編。日本語訳は仮訳版を用いている

・目標を達成するために求められる行動を特定する力

図表21はEducation 2030プロジェクトの全容が描かれた「学びの羅針盤」である。そこでは、DeSeCo（コンピテンシーの定義と選択）プロジェクトで定義したキー・コンピテンシーに立脚して、さらに①新たな価値を創造する力、②対立やジレンマを克服する力、③責任ある行動をとる力の三つのコンピテンシー要素を設定し、それらを「変革を起こす力のあるコンピテンシー」とひとまとめにしている。

エージェンシーがこの図のどこに位置するものかはペーパーで明記されていないが、おそらく変革を起こす力のあるコンピテンシーからウェルビーイング[92]に向かう矢印の部分を指す。知識・

スキル・態度及び価値の基礎的なコンピテンシーに立脚し、それに変革を起こす力のあるコンピテンシーを加えて、ウェルビーイングに向かうための推進力を指すと考えられる。

ペーパーでは、エージェンシーが単に学習者の個性の発揮のみならず、教師や仲間たち、家族、コミュニティなど、彼らの学習に影響を及ぼしているさまざまな人びととの双方向的で互恵的な協力関係を持つこと(co-agency)まで含める概念であると強調されている。多様な価値観が衝突し、対立やジレンマを生みだしている社会を生きていくために、他者やコミュニティに開かれていない個性ではまったくもって不十分である。さまざまな人びとと協同的に学び合いながら個性を発揮させていくエージェンシーが求められているのであって、それを自らの教育や生活全体、社会参画を通じて発展させていくことが「学習者のエージェンシー」の育成として謳われている。

ＯＥＣＤのエージェンシーは、エージェンシーと呼ぶだけの概念となっているのだろうか。この点をエージェンシーの語義から検討しよう。

「エージェンシー(agency)」は学術的には「行為主体性」と訳されるもので、自己を起点とした行為、あるいは主体の対象(客体)に対する進んだ働きかけ、主体の対象(客体)に働きかける優位性を強調するときに用いられることが多い[93]。

この観点をふまえるとき、ＯＥＣＤの「学習者のエージェンシー」がエージェンシー論たり得るためには、それがどのような対象に対しての主体の優位性を謳っているかを明らかにする必要がある。この対象がなければ、ペーパーにおいて「エージェンシー」という用語を用いる必然性はまったくないことになる。

ＯＥＣＤが学習者に立ちはだかる巨大な対象として設定するのは、問題解決が多く予測困難な「来る社会」である。この「来る社会」を対象とすることで、「学習者のエージェンシー」はエージェンシー論たり得ている。ペーパーの序文では、この「来る社会」を想定して、そこに積極的に働きかけていく学習者のエージェンシーの必要性を論じている。やや長いが、引用しよう。

「グローバル化の進展や技術の進歩の加速によって、我々は、社会、経済、環境など様々な分野において前例のない変化に直面している。こうした変化は、一方では、人類の進歩のために多くの新たな機会を提供するものでもある。未来は不確実であり、予測することは困難である。しかしながら、我々は常に将来の変化に対して開かれており、かつ準備ができていなければならない。二〇一八年に学校に入る子供は、二〇三〇年には成人として社会に出ていくことになる。現時点では存在していない仕事に就いたり、開発されていない技術を使ったり、現時点では想定されていない課題を解決することなどについて、学校は子供たちに準備していくようにすることができる。そうすることは、子供達が機会をつかみ、解決策を見つけるために果たすべき、私たちの共同責任となるだろう。

そうした不確実な中を目的に向かって進んでいくためには、生徒は好奇心や想像性、強靱さ、自己調整といった力をつけるとともに、他者のアイディアや見方、価値観を尊重したり、その価値を認めることが求められる。また、失敗や否定されることに対処したり、逆境に立ち向かって前に進んでいかなければならない。単に自分が良い仕事や高い収入を得るということだけでなく、友人や家族、コミュニティや地球全体のウェルビーイングのことを考えられなければならないのである。」（仮訳版より）

2　OECDのエージェンシーは拡張的パーソナリティの表れでもある

前節で、学習者のエージェンシーの基礎となる二つの力を紹介した。

・進んでいくべき方向性を設定する力
・目標を達成するために求められる行動を特定する力

この二つの力は、第2章「3」で紹介した二つのライフとほぼ同じものである。「進んでいくべき方向性を設定する力」は、二つのライフのうち将来の見通し（将来の生活）に対応し、「目標を達成するために求められる行動を特定する力」は理解実行（現在の生活）に対応する。

二つのライフは概念的にはキャリア意識を表すものであるが、学習態度や資質・能力などの、今日文部科学省施策で育成が求められるものと高い関連性を示すことをふまえて、実質的には生徒の学びと成長を促す「自律のエンジン」とも説明してきた[94]。OECDのエージェンシーをふまえれば、二つのライフで測定される実質的なものはエージェンシーであると見ていくこともできる。

さらに言えば、将来の見通しと理解実行というキャリア意識（二つのライフ）は、それ自体は個人内の時間的拡張をもとにした見通しや行動を指すものであるが、それが個人の身近な世界にとどまらず、空間的にも拡張して、より社会的な意識や行動につながるパーソナリティ特性を伴うことは、前章で示してきた通りである（図表18、20を参照）。これをふまえると、OECDのエージェンシーの基礎となる「進んでいくべき方向性を設定する力」「目標を達成するために求められる行動を特定する力」もまた、個人の世界にとどまらず、より社会的な意識や行動につながるパーソナリティ特性を伴うものと考えられる。実際OECDのエージェンシーは、先に述べたように、多様な価値観が衝突し、対立やジレンマを生み出している社会を生きていくための他者や人びとと双方向的で互恵的な協力関係を持つこと（co-agency）まで含めて考えられている。それは、将来の見通しを持って理解実行する二つのライフを実現することが、より社会的な志向性をも持つという前節での論にも、寸分違わず対応している。このように考えると、OECDのエージェンシーは、時間・空間的な拡張的パーソナリティの表れとも見て取れる。

３　バンデューラのエージェンシー論——四つの特徴

Ａ・バンデューラがエージェンシーについて包括的な議論をしているので、それをふまえて論の一般化をはかろう。

バンデューラの論は、心理学の行動主義における強化をもとにした伝統的な学習理論に対して、社会的状況に埋め込まれた行為主体の認知過程を論じた点に特徴がある。彼の有名なモデリング[95]の概念は、直接的な強化を伴わずとも、他者の行動や行動の結果を観察するだけで学習がなされること、すなわち主体には社会認知的な学習力があり、それが行動に影響を及ぼすことを主張するものであった。

バンデューラは、社会的状況に対する行為主体の社会認知的な力を「エージェンシー」と概念化する。そして人は、伝統的な学習理論が提示してきたような、環境（他者や事物、事象）に対して受け身の存在ではなく、環境に積極的に関わり相互作用をし、良くも悪くも自己に関連づけた思考を作り上げ、行為に繋げていく主体的（エージェンティック）な存在であると説いた[96]。本書のテーマである自己と他者（環境）の観点が深く入り込む論である。

バンデューラ[97]は、エージェンシーの特徴として、①意図性、②将来の見通し、③自己の態度、

④自己省察の四つを挙げる。これら四つの特徴が相絡まって機能し、エージェンシーは行為を主体的なものにしていくと考えられている。それぞれの特徴を見ておこう。

①意図性：エージェンシーは意図をもって行為することである。意図は、起こりうる将来の一連の行為を表象することである。起こりうる行為を期待したり予想したりするだけではなく、起こりうる行為にプロアクティブにコミットメントすることである。意図は主に行為を計画することなのであって、必ずしも計画通りの結果を保証するものではない。エージェンシーの特徴の一つである自己調整（③自己の態度）をおこなうことで行為を調整し、期待する結果に至らせようと努力することも、意図の実現に向けた行為の一つである。

②将来の見通し：エージェンシーには、時間的な拡張、すなわち将来展望を伴う。しかし、将来展望にはさまざまな表れがあるから、目標にまっすぐ進む計画だけを将来展望とするのではなく、周辺の多様な拡がり、見通しまで含めて捉えるべきである。将来の見通しを実践することで、人は期待する将来の出来事に向けて自身を動機づけ、自身の行為を主導する。より長い時間的スパンで見るなら、将来の見通しは人生に方向づけと一貫性、意味を与える。

③自己の態度：意図したり将来の見通しを持ったりするだけでなく、その実現に向けて一連の適切な行為を具体化し、自身を動機づけ自己調整する必要がある。エージェンシーの特徴の一つは、行為を調整して実現に向かわせていく自己の態度を持つことである。

④自己省察：行為を主体的なものにし将来の見通しを実現させるためには、その行為の機能や行為に付随する考えや適切さを省察するメタ認知的な検討、すなわち自己省察が必要である。省察的な自己意識は、人の生き方を方向づける動機や価値、意味を評価する。葛藤を調整してある方向を捨て、他の方向を選び取るような高いレベルにおいては、いっそうこの自己省察が必要となる。

ＯＥＣＤのエージェンシーは、バンデューラの説くエージェンシーの四つの特徴でうまく説明される。つまり、エージェンシーの基礎的な力として示される「進んでいくべき方向性を設定する力」は②将来の見通しに関わるものであり、もう一つの「目標を達成するために求められる行動を特定する力」は③自己の態度に関わるものである。ＯＥＣＤのエージェンシーは、①意図性、④自己省察を基礎として、②将来の見通し、③自己の態度で行為を前に進め、そうして「来る社会」(前述)という対象に対する主体の優位性、その意味での主体的な行為を作り出していると考えられる。

実質的にエージェンシーとして見なせる二つのライフも同様である。二つのライフの構成要素のうち、将来の見通し(将来の生活)はそのままバンデューラの論②将来の見通しに、理解実行(現在の生活)は③自己の態度に対応する。測定される二つのライフのステイタス(見通しあり・理解実行〜見通しなし、図表17を参照)が、単なるキャリア意識を超えて、自律のエンジンを測定していると見なせるならば、それは二つのライフ（将来の生活・現在の生活）が接続する自己・生活世界において、バンデューラの説く①〜④のエージェンシーの特徴を機能させているからだと考えられるのである。

私が論じる三層からなる主体的な学習[98]は、エージェンシー（主体性）を学習状況に当てはめてのものであるが、それもバンデューラのエージェンシー論でうまく説明される。

まず主体的な学習は、「行為者（主体）が課題（客体）に進んで働きかけて取り組まれる学習のこと」と定義され、主体が客体に対してより優勢に、言い換えれば、行為者（主体）が課題（客体）に対して前のめりに取り組む状態を指すと説明されている。ここでの「（学習）課題」は、バンデューラの論で言えば「環境」に相当する。「前のめりに取り組む」は、「環境（課題）に積極的に関わり相互作用をし、自己に関連づけた思考を作り上げ、行為に繋げていく」に相当する。説明されるものはほぼ同じであるが、バンデューラの説明は私のそれよりも詳細である。

その上で私は、さまざまなレベルで説かれることの多い世の中の主体的な学習論を、学習課題への取り組み方がより即自的かより対自的かという観点から、**図表22**に示すように、スペクトラムにして整理している[99]。即自的から対自的という観点から、第Ⅲ層に行けば行くほど主体的な学習は深まっていくと考えている。簡単に説明すると、次のようなものである。

第Ⅰ層の「課題依存型」の主体的学習とは、課題をおもしろいと感じて始まるような、あるいは

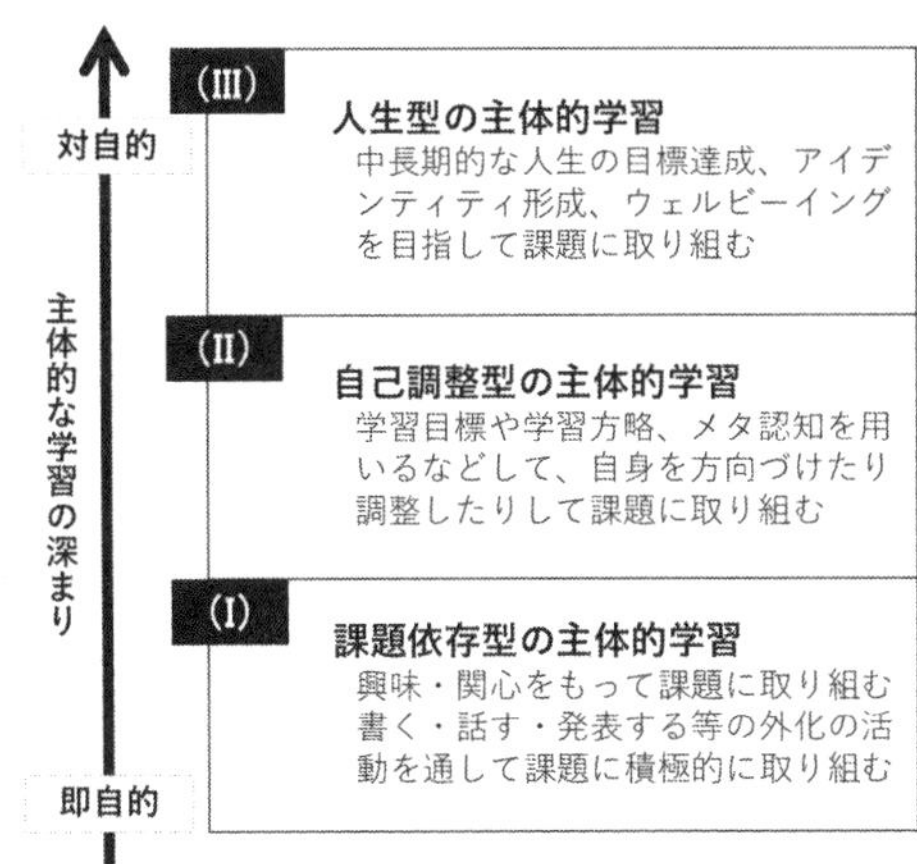

図表 22　主体的な学習スペクトラム

※溝上（2018b）、図表 16（94 頁）より

書く・話す・発表する等の外化の活動を与えられて課題に積極的に取り組むような、行為者の課題への働きかけが前のめりになる学習を指す。必ずしも行為者のもともと持っている興味・関心から始まるわけではなく、また外化の活動を与えられなければ課題に積極的に取り組むわけでもなく、課題のおもしろさや外化の活動に依存した学習であることから「課題依存型」と称している。それでも、行為者（主体）が興味・関心を持って、外化の活動を通して課題（客体）に前のめりになれば、それは主体的な学習であると言える。

学校教育の文脈においては、課題の多くが、生徒にとって与えられる、課せられるものである。この課題から発現する主体性から主体的な学習を考えることは、学校教育の中で学習を考える上での出発点である。主体的な学習のすべてが、必ずしも主体それ自体から内発的に発現するわけではないことが、ここでは重要な理解となる。

第Ⅱ層の「自己調整型」の主体的学習とは、学習目標（「おもしろいので、もっと調べよう」「毎日単語を十個覚えよう」「難しい問題でもあきらめずに取り組もう」等）や学習方略（「繰り返し声を出して単語を覚える」「難しい問題は後回しにして、易しい問題から解答する」等）、メタ認知（「自分の考えの矛盾に気づく」「課題によって学習方略を使い分ける」等）を用いて、自身（自己）を方向づけたり調整したりして課題に取り組む学習を指す。

学習課題の中には、興味・関心を持てるものから持てないものまで幅広くある。第Ⅱ層では、興味・関心を持てるものはもちろんのこと、持てない課題まで含めて、学習目標や学習方略、メタ認知等を用いて自己調整をおこない、課題に進んで取り組む学習の姿を指す。

第Ⅲ層の「人生型」の主体的学習とは、中長期的な目標達成（「英検一級に合格する」「将来弁護士になる」等）やアイデンティティ形成（私は何者か）、ウェルビーイング（幸福感）を目指して課題に取り組む学習を指す。なぜ学ぶのか、学習を通してどのような自分になりたいのか、といった学習の意味が、自身（自己）の過去や未来の事象に関連づけて作り出され（時間的展望）、それが今ここの時間空間的な意味を作り学習に反映される。人生型の主体的学習は、過去から現在、そして未来へと、個人がどう生きていくかという自己物語を学習に反映させるものである。

以上の説明をバンデューラのエージェンシー論から見ると、次のようになる。

第Ⅰ層はバンデューラで言うところの主体の環境への積極的な関わり、相互作用を強調するものである。エージェンシーの特徴とされる①意図性に密接に関わる。たとえ外部（教師）から与えられる（学習）課題であっても、その課題に受け身ではなく、興味や関心をもって意図的に関わることで、学習を主体的なものと見なすことができるのである。

第Ⅱ層、第Ⅲ層は対自的な自己領域の主体性を指すことから、バンデューラで言うところの自己に関連づけた思考を作り上げることを強調するものと言える。エージェンシーの特徴では、①意図性はもちろんのこと、②将来の見通し、③自己の態度、④自己省察のいずれにも密接に関わる。中でも第Ⅲ層は人生へと時間的拡張が長期スパンで伸びるので、②将来の見通しがいっそう密接に関わる。

このように、主体的な学習スペクトラムも、バンデューラのエージェンシー論によってうまく説明されることがわかる。

4　自己効力感としてのエージェンシーとアイデンティティ型エージェンシー
――与えられる課題と自らの課題

教育の世界で非常によく扱われる概念の一つに、「自己効力感（self-efficacy / perceived self-efficacy）」が

図表23　効力予期（自己効力感）と結果予期との関係
※池辺・三國（2014）、図1（161頁）を改変

ある。これは前節で紹介したバンデューラが、エージェンシーを成り立たせるための一つの認知過程として提示した概念で[100]、第1章で焦点を当てた自己と他者の観点が関わるものでもある。

自己効力感とは、「達成をもたらすような一連の行動を組織化し実行する能力に対する信念」[101]と定義される。要は、ある課題を前に「できる！」と感じられることである。バンデューラは人の行動を決定する先行要因を、自分の行動がもたらす結果を予測する「結果予期」と、行動遂行に対する自身の能力を予測する「効力予期」とに分けたが（**図表23**を参照）、自己効力感はこの中の効力予期に相当するものである。

自己効力感のわかりやすい例は、学校教育におけるテスト課題である。子どもが課題を前にして、自身の能力やこれまでの成功・失敗経験などから起こりえる結果を予測し（結果予期）、「できる！」と思えば（効力予期＝自己効力感）、その自己効力感が行動に影響を及ぼし、その課題を達成する確率が高くなる。「できない！」と思えば、課題は達成されない確率が高くなる。

学校教育のテスト課題以外にも、たとえば禁煙課題において、「とても続けられそうにない」と思い（自己効力感）、喫煙してしまう事例、仲間の体験や励ましを受けて「できるかもしれない」（自己効力感）と思い、禁煙に成功していく事例がある[102]。また、心筋梗塞の外科手術を受けた患者に、回復に向けてのリハビリ運動（歩く・持ち上げる・上がる・一般的な活動）をどの程度おこなっていく自信があるかの自己効力感を尋ねた研究では、自己効力感の高い患者がリハビリを四週間、一二週間と継続しておこなったことが明らかにされた[103]。これらも自己効力感のわかりやすい例である。自己効力感の行動に対する影響は、教育、臨床、産業、予防医学に関する幅広い分野で実証的知見が蓄積されている[104]。

先から紹介している二つのライフとのすり合わせをしよう。すり合わせをすることで、二つのライフを実現することがいかに高いハードルであるかが見えてくる。

自己効力感は、先のテスト課題や禁煙課題、リハビリ運動の例のように、課題を前にして「できる！」と感じられる信念として扱われることが多い。これが、課題の達成に向けて、一連の行為を組織化し実行していくエージェンシーを促す。しかし、言い換えれば、自己効力感は**与えられる**課題を前にしての「できる！」と感じられる信念のことであり、その（課題が）「与えられる」という文脈こそが学校教育や医療系の関係者を自己効力感に注目させてきた理由であるとも言える。

これに対して二つのライフでは、将来の見通しという課題を**自ら**設定しなければならない。その上での理解実行である。二つのライフは実質的にOECDのエージェンシーに近いものと見なされるものであった（「2」を参照）。図表22をエージェンシー（スペクトラム）の第Ⅰ～Ⅲ層と一般化するならば（**図表24**を参照）、自己効力感の「与えられる」課題への行為はエージェンシーの第Ⅰ～Ⅱ層に対応し、二つのライフの「自ら」将来の見通し（目標や課題）を設定し理解実行することは、エージェンシーの第Ⅱ～Ⅲ層に対応するとまとめることができる。

なお、**図表25**は、大学生データ[105]を用いて分析した二つのライフとアイデンティティとの関連を示したものである。図表に示されるように、両者の間に大きな関連性が認められる。この結果は、二つのライフが「自ら」の将来の見通しを対象とし、第Ⅲ層（中長期的な人生の目標達成、アイデンティティ形成、ウェルビーイングを目指して課題に取り組む）に届くエージェンシーであることを実証的に示すものである。

第Ⅲ層のエージェンシーは、J・コテの提唱する「アイデンティティ型エージェンシー」とも近接する[106]。アイデンティティ型エージェンシーは次のように説明されている。

「アイデンティティ型エージェンシーは、社会的な範囲としての潜在的経験の幅を広げ、社会的世界にさらに関与していくにつれて、より複雑で望ましい環境にうまく対処することを可能にする。目標を発展させ達成していくこと（連続性）と、働く居場所とより広い共同体におけ

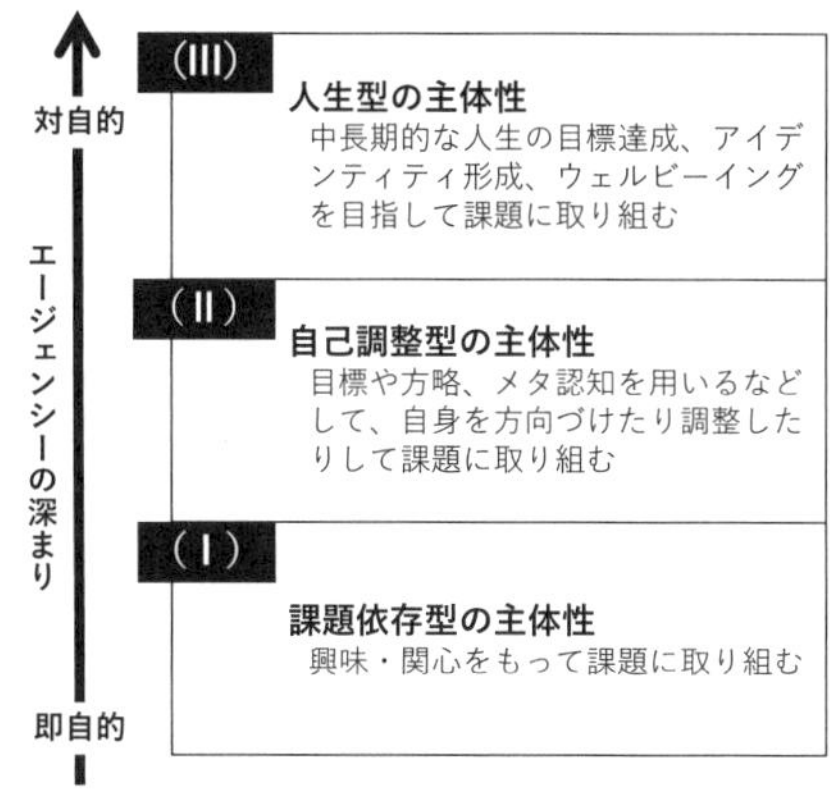

図表 24　エージェンシースペクトラム

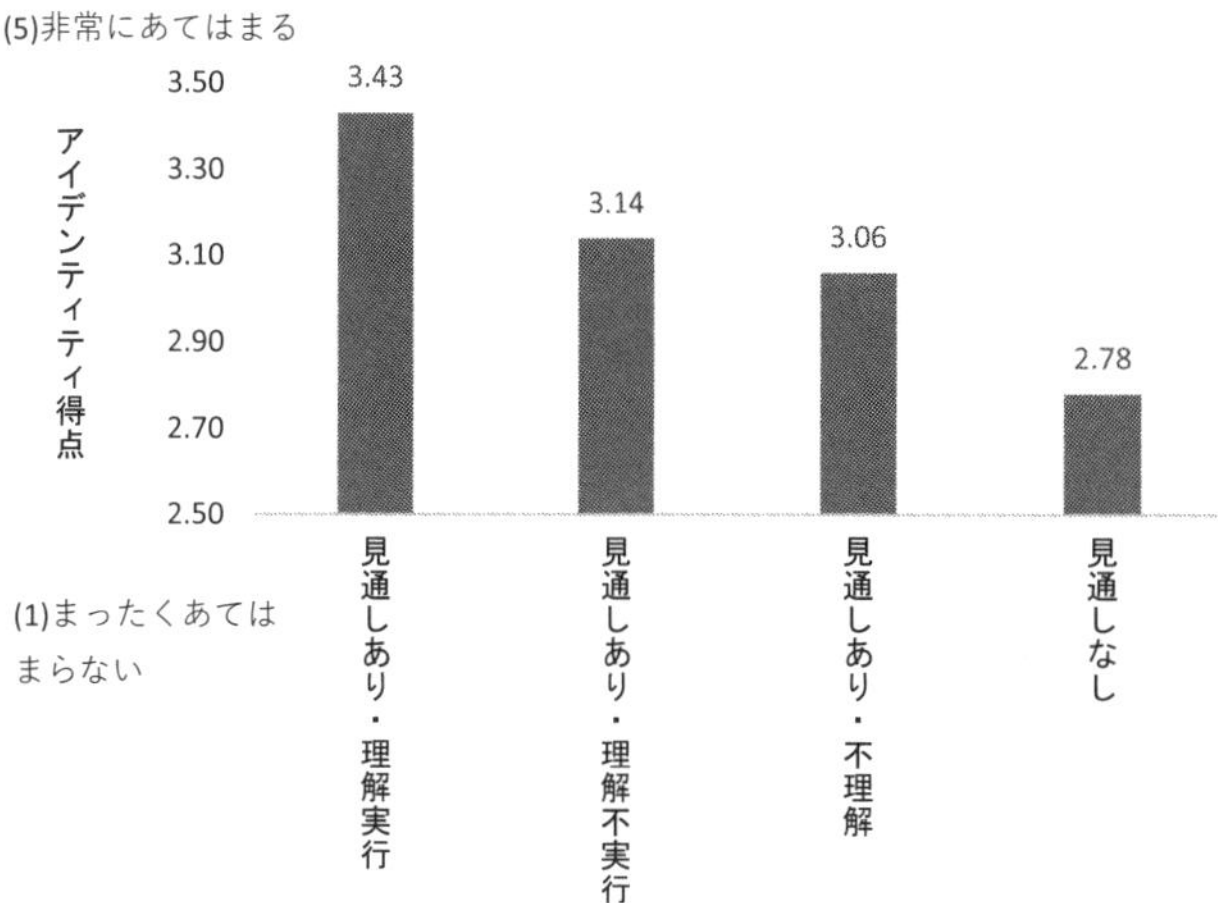

図表 25　二つのライフとアイデンティティとの関連（大学生データ）

※データや変数の詳細は注 105 を参照

※一要因分散分析の結果、0.1％水準で有意差が見られた（F（3, 1996）=140.641, p<.001）。効果量（η^2）は .18（大）であった

るつながりを維持すること（統合）にとって、自らの行動（分化）を調整し運営する能力が重要となるのである。」[107]

自己効力感も二つのライフもエージェンシーを表したものであり、バンデューラのエージェンシー論と見事に合致する。しかしながら、自己効力感は「与えられる」課題に対してのエージェンシー（行為主体性）を指すことが多く、図表24の第Ⅰ～Ⅱ層に対応する。それに対して、二つのライフは「自ら」を強調し、図表24の第Ⅱ～Ⅲ層に対応している。

二つのライフが、アイデンティティ形成をはじめとする第Ⅲ層まで届くエージェンシーであると理解するならば、二つのライフを実現することがいかに難度の高いことであるかが理解されよう。その難度の高さ故に、それを克服することが、学習態度や資質・能力などの、今日文部科学省施策で育成を求めることにも繋がる。理論的に得心がいく。

5　自己肯定感を高めるのではなく、自己効力感（エージェンシー）を高めよ

学校教育の現場で、子どもの自己肯定感の低さが問題になっている。この問題に関心を寄せる教師は多く、子どもの自己肯定感をどのように高めるかという書籍はあまた出版されている。

かつてアメリカのカリフォルニア州で、同じ問題意識から自己肯定感を高める施策が実施された[108]。一九八六年に「自尊感情と個人的・社会的責任の促進のためのカリフォルニア専門委員会」が発足し、子どもの自己肯定感を高める大規模な教育的取り組みが三年間おこなわれた。犯罪や暴力、薬物乱用、妊娠といった非行の問題、学業的な問題、児童虐待や慢性的な福祉依存などの問題の根っこに、子どもの自己肯定感の低さがあり、自己肯定感を高めることでそれらの問題が予防されたり解決されたりすると期待された。しかし、結局明確な成果は上げられなかった。

佐藤徳が論じるように[109]、自己肯定感の高さが望ましい学業成績や心理的適応と関連するという研究結果が多数報告されているのは事実である。しかし同時に、自己肯定感の高さの否定的な側面が多数報告されているのも事実である。たとえば、競争的になりすぎて他人の気持ちを無視しやすい、失敗や批判を怖れ新しい経験を嫌う、ナルシシズムの傾向を加えると侮辱された際に攻撃的になりやすい、などがそうである。そして、自己肯定感と学業成績との関連が認められると言っても、自己肯定感が高くなれば学業成績が良くなるわけでもなければ、仕事ができるようになるわけでもなく、ましてや他者に認められるようになるわけでもない。佐藤は、自己肯定感の低い人の自己肯定感を高めようとしても、多くの場合は逆効果で終わることが多いだろうと述べている。

心理学の世界では、AとBの関連があるという「相関関係」と、AからB、BからAへの「因果関係」を区別することが厳しく求められる。自己肯定感の高さと学業成績や心理的適応との関連は、言い換えれば相関関係を表すだけで、因果関係までを表すものではない。それを因果関係として捉え、自己肯定感の高さが望ましい学業成績や心理的適応を促す、問題行動を抑制すると考えたところに、カリフォルニア州の自己肯定感を高める施策の理論的欠陥があったと言える[110]。学校現場でなされている考え方も同様のものと見ていい。

J・コテ[111]は、自己肯定感と学業成績との関連について同様の見解を示しながら、他方で、学業成績に効いているのは自己肯定感ではなく自己効力感であると論じている。具体的には、共分散構造分析のように、自己肯定感と自己効力感を同時に説明変数に組み込み、目的変数に学業成績を置いて効果を見る。そうすると、自己効力感は学業成績に有意な効果を示したが、自己肯定感は有意な効果を示さなかった。自己肯定感と自己効力感を同時に説明変数に組み込んで因果分析をおこなうことは、統計的には自己効力感を統制して、その上で自己肯定感から学業成績への効果を見ることに相等しい。

自己肯定感と自己効力感との間には一般的に正の相関が見られるので、自己肯定感×学業成績、自己効力感×学業成績といった単相関分析をおこなうと、両者ともに関連が見られるという結果が出やすい。しかしながら、共分散構造分析のように、同時に自己肯定感と自己効力感を説明変数として置き、両者の相関関係を前提として（一方が他の変数を統制して）、学業成績への効果を見るという分析をおこなうと、実質的に効果のある変数が示されることになる。それが自己効力感であったということである。自己肯定感×学業成績で見せていた相関関係の実質は、自己効力感の効果であったと示唆されるのである。

前節で自己効力感はエージェンシーの一つであると理論的に説いたので、それをふまえれば、自己効力感の学業成績への効果は、エージェンシーの学業成績への効果であると見なされるものである。エージェンシー尺度なるものがあるわけではないので、実証的な指標としては自己効力感を用いたり目標や時間的展望、二つのライフを用いたりするのであろうが、理論的にはエージェンシーの効果であるとまとめられる。

『「自己肯定感」育成入門』の著者である平岩国泰[112]は、子どもの自己肯定感の低さを憂えている。小学校でのアフタースクールの活動で新しいプログラムを「さあ、みんなでやろう」と呼びかけたとき、ある子どもは「やったことがないから、やりたくない」と答えたそうである。子どもは好奇心旺盛で何にでも飛びついてくると思いきや、この反応である。保護者と話をしていて、こういうチャレンジをしない子どもが少なくないことがわかってくる。全国の小学生約千人に「放課後や夏休みにやってみたいことはなんですか」というアンケート調査の結果の中に、「やりたいことがない」「わからない」「どうでもいい」という記述が少なからずあったことも紹介されている。保護者や大人は「子どもだからこそ、新しいことにチャレンジしてほしい」と願っているのに、当の子どもはチャレンジしようとしないのである。平岩は、このような子どもの根っこに自己肯定感の低さがあり、それを高めていきたいと考えてこの著書を書いた。

学校現場の問題意識としては十分理解できる。問題は、当の子どもたちの自己肯定感の低さは確かに認められるとしても、果たしてそれを高めることが子どもたちのさまざまな行動をポジティブに変えていくことに繋がるのかということである。前述した学術的な知見に照らせば、自己肯定感を高める取り組みではなく、エージェンシーを高める取り組みをすべきである。

しかし、平岩が実際に提案する自己肯定感を高める取り組みのポイント四つ[113]は次のようなものであり、実はそれらはエージェンシーを高める取り組みを指すものであることがわかる。

①子どもの「やってみたい」を引き出す
②「自分自身で考える」機会を増やす
③子どもにとっての「安全基地」を作る
④勉強や習いごとを通して「壁」の乗り越え方を学ぶ

エージェンシー（主体性）とは、行為者（主体）が課題（客体）に対して前のめりに取り組む状態を指す[114]。言い換えれば、課題に取り組むプロセスを問題とするものである。「３」で紹介したバンデューラのエージェンシーの四つの特徴（①意図性、②将来の見通し、③自己の態度、④自己省察）も、課題に取り組むプロセスを問題としている。エージェンシーはプロセスに焦点化するものである。

平岩自身も、子どもが活動したそのプロセスをほめてあげることが重要だと説いている[115]。それをベースとしての四つのポイントである。結局のところ平岩の主張というのは、課題に取り組むエージェンシーを高め、その結果として自己肯定感を高めようというものである。それなら問題はない。理論的にも整合している。

なお、平岩の四つのポイントは、どちらかと言えばエージェンシースペクトラム（図表24を参照）で言うところの第Ⅰ層（課題依存型の主体性）に議論が集中している。幼稚園児や小学生を対象に論じられているので、それでいいと思う。

私たちがここから一般化して学ぶべきことは、エージェンシー（主体性）と一言で言っても、レベルや段階があるということである。第Ⅰ層を十分に取り組めない子どもに、第Ⅱ層の自己調整型や第Ⅲ層の人生型の主体性はハードルが高いので、まずは課題に前向きに取り組む第Ⅰ層のエージェンシーを育てるようにする。その上で、中学生や高校生以上の生徒が対象となるときには、第Ⅰ層から第Ⅱ層、第Ⅲ層へと取り組みの段階を上げていくことである。

6　内発的動機づけ・自己決定理論——主体的な学習の第I～II層

話を学習に戻して、動機づけ理論で有名な内発的動機づけ・自己決定理論を主体的な学習スペクトラムに位置づけよう。本書で扱ってきた自己と他者、エージェンシーの観点からの位置づけともなる。

内発的動機づけは、心理学で一九四〇～六〇年代に隆盛していた二つの主な行動主義アプローチに反論する形で提示された動機づけ概念の一つである[116]。一つは、B・スキナーのオペラント条件づけ[117]で、行動は報酬（エサやお金）によって動機づけられる（学習される）と説明された。もう一つは、C・ハルやN・ミラーによって主唱された動因低減説[118]で、行動は生理的動因や欲求を低減させるべく動機づけられると説明された。

これらに対してE・デシ[119]は、人はエサやお金といった外部報酬（外発的動機づけ）がなくとも、内なる心理的欲求に駆られて自由選択的に行動するものだ、課題それ自体に喜びや満足をもって取り組むものだと反論した。デシは、このような課題遂行に伴う自由選択や、課題に取り組むことそれ自体が喜びや満足と繋がって行動に動機づけられることを、「内発的動機づけ」と呼んだのであった。

自己決定理論は、内発的動機づけの概念を発展させた理論である。内発的動機づけの考えは、行動に対する自己決定性の高さが学業成績やパフォーマンス、精神的健康等に影響を及ぼすという「自己決定理論」として発展している[120]。近年では自己決定理論を説明する「認知的評価理論」「有機的統合理論」「因果志向性理論」「基本的心理欲求理論」「目標内容理論」といった五つのミニ理論が示されている。

ここでは、ミニ理論について深く立ち入らず、本書と密接に関連する「有機的統合理論」のみを取り上げ、自己と他者、エージェンシーの観点から位置づける作業をおこなう。実質的な説明はこれまでの節のものの繰り返しになるが、さまざまな名称の異なる概念をこうして位置づけていくことは、散らかった理論や概念を整理していくために重要な作業である。なお、ミニ理論については**図表26**でポイントを示しておく[121]。

有機的統合理論について。課題遂行に伴う自由選択や課題遂行それ自体に喜びや満足を見出す内なる欲求(内発的動機づけ)が、質の高い行動を生み出す。しかし、学校における生徒の学習の多くは、親や教師の期待に応えること、テストや受験でより良い結果を得ること、将来の職業に就くことといった外部からの統制に従ってなされている(外発的動機づけ)のが現実である。人が社会的文脈の

ミニ理論	概要
認知的評価理論	課題に関連する外部要因の受け止め方が、内発的動機づけを低下させたり高めたりすることを説明する理論
有機的統合理論	外発的動機づけを内発的動機づけとの関係で連続線上に位置づけて、「外的調整」「取り入れ的調整」「同一化的調整」「統合的調整」に分類した理論
因果志向性理論	無動機づけ（無気力）、外発的動機づけ、内発的動機づけを、行為主体の個人差を表すパーソナリティとして、「非人格的志向性」「統制的志向性」「自律的志向性」に分類した理論
基本的心理欲求理論	自己決定理論の本来的な欲求が、「自律性の欲求」「有能性の欲求」「関係性の欲求」からなるとして理論化したもの
目標内容理論	有機的統合理論を適用して、内発的な目標か外発的な目標かによって、人の動機づけが異なることを理論化したもの

図表 26　自己決定理論における五つのミニ理論

中で生きる存在であること、自己決定性（自律性）が外部要因と無関係ではないこと、学校での学習が、重要な他者（親や教師等）や社会から期待されて、あるいは必要だと見なされて課されるものであることを考えれば、当然のことである。これは社会的現実の問題であって、良いも悪いもない。

有機的統合理論は、このような社会的現実をふまえて、ときに内発的動機づけを低下させることにもなる外発的動機づけを、自己決定性（自律性）の観点から積極的に位置づけるものである。そこでの主張点は、大きく二点である。

①「無動機づけ」（動機づけられないこと）、「外発的動機づけ」「内発的動機づけ」を自己決定性（自律性）の程度によって、連続線上で並べられること。

②たとえ外発的に動機づけられた学習であっても、その学習に対する個人の価値の認め方によって

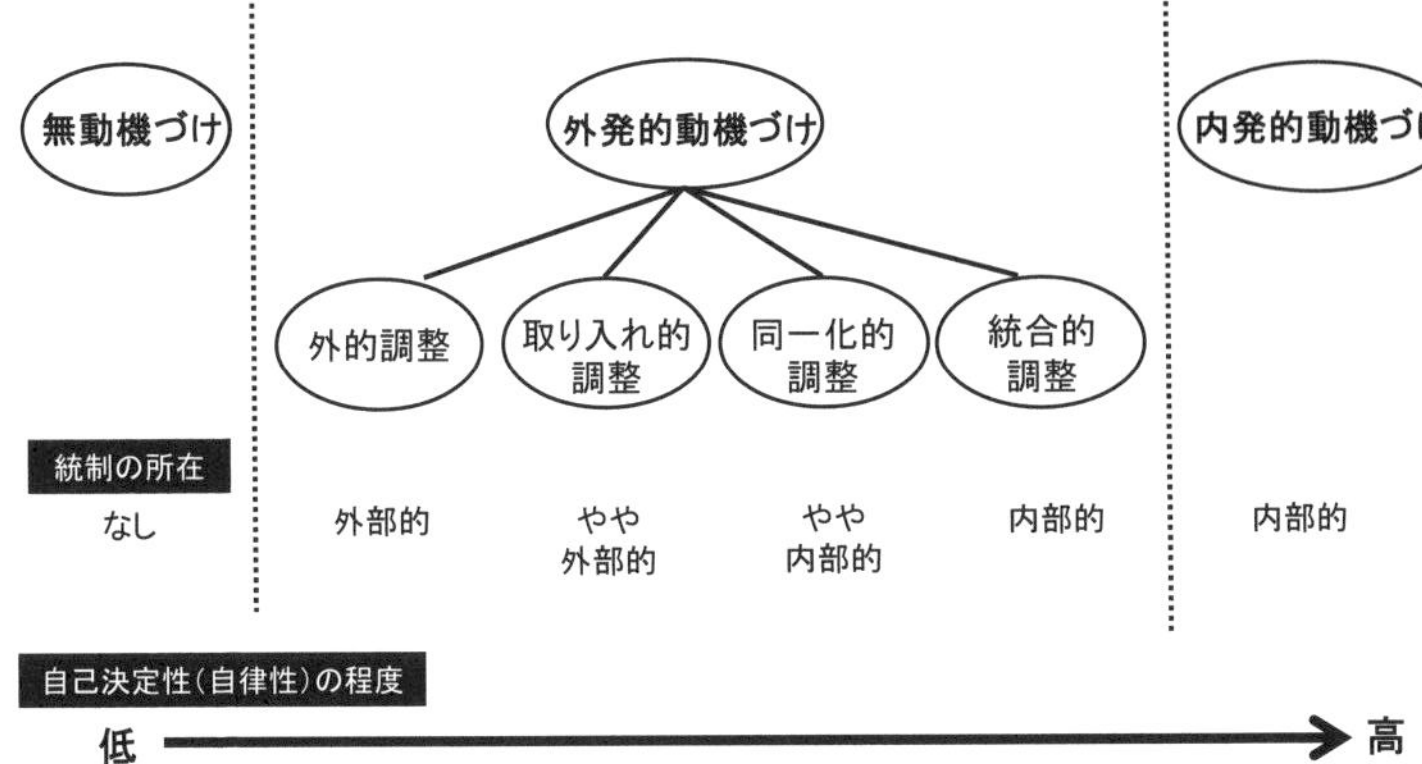

図表27　連続線上に位置づけられる外発的動機づけの各段階（有機的統合理論）

※ Ryan & Deci (2000), FIG.1 (61頁) をもとに作成

は、自己決定性（自律性）は高くなり、内発的動機づけに近い形で学業成績やパフォーマンス、精神的健康に影響を及ぼすこと。

有機的統合理論では、自己決定性（自律性）が高くなるにつれて内発的動機づけに近づくと考えられており、外発的動機づけを外的調整（外部的）、取り入れ的調整（やや外部的）、同一化的調整（やや内部的）、統合的調整（内部的）の四段階に分類する（**図表27**を参照）。

それぞれを簡単に説明すると、「外的調整」は報酬を受け取るためや罰を避けるためなど、外部からの統制（期待や要請等）に従う動機づけであり、もっとも自己決定性（自律性）が低い外発的動機づけだとされる。「取り入れ的調整」は、自尊心を維持させるために、あるいは人前で自尊心が傷つくことを恐れるが故に、外部からの統制（期待や要請等）を内部に取り入れて自己調整をして従う外発的動機づけである。外的調整よりは、自我関与が加わっている分自己決定的ではあるが、統制の所在は外的調整と同様外部寄りにある。「同一化的調整」は、外部からの統制（期待や要請等）に価値を認め（〝重要だ！〟〝有用だ！〟など）、積極的に自己内に取り込んで、選択的に、個人的に関与して行動する動機づけである。「統合的調整」は、外的な統制（期待や要請等）に価値を認めるだけでなく、それを自己の他の側面と有機的に統合して行動する動機づけである。たとえば、「私は将来学者になりたい」といった自己の他の側面と統合して、学習に動機づけられるような場合がそうである。

同一化的調整と統合的調整は、自己決定性（自律性）の高い外発的動機づけだと見なされており、とくに統合的調整は、自己決定性（自律性）の観点からは内発的動機づけにかなり近い動機づけであると考えられている。それでも、統合的調整は外部からの統制との関連で動機づけられている外発的動機づけの一つであり、内発的動機づけは自由選択、課題遂行に見出す喜びや満足といった内なる欲求に基づいた動機づけである。自己決定性（自律性）の観点から近い様相を示すとはいえ、理論的には別種の動機づけとして理解されることが重要である。

有機的統合理論を図表22の主体的な学習スペクトラムに対応させせよう。

外部からの統制（期待や要請など）に従う動機づけ（外発的動機づけ）でありながら、それを積極的に自己内に位置づけ自己調整をおこなう同一化的調整と統合的調整は、図表22で示すところの第Ⅱ層の自己調整型の主体的学習（学習目標や学習方略、メタ認知を用いるなどして、自身を方向づけたり調整したりして課題に取り組む）に対応する。自己調整が両者の共通のキーワードになっており、この対応は直接的である。

図表27の内発的動機づけは、図表22で示すところの第Ⅰ層の課題依存型の主体的学習（興味・関心をもって課題に取り組む、書く・話す・発表する等の外化の活動を通して課題に積極的に取り組む）に対応する。総じて、有機的統合理論の内発的動機づけ・自己調整の部分は第Ⅰ〜Ⅱ層に対応する理論だと考えられる。

有機的統合理論は自己決定性（自律）の観点から見て外部から内部へと並べられているので、内部に向かう方がより高い自己決定性（自律）のレベルと見なされ、内発的動機づけがもっとも右に位置づけられている。私の主体的な学習スペクトラムは、自己の観点から見て即自的から対自的へと並べられているので、第Ⅰ層から第Ⅲ層への深まりは、自己の深まりを表している。両者は異なる観点から見て並べられているものなので、有機的統合理論で最上位の内発的動機づけが、主体的な学習スペクトラムでは最下位の層に対応するといったことが起こってしまう。これは観点が異なるものであるから致し方なく、対応の理屈だけ押さえておけばいいと考える。

7 記憶の情報処理から見た学習――自己関連づけ・自己生成

記憶に関する情報処理の研究からは、自己に関連づけることによって記憶保持を高める効果のあることが明らかとなっている。教科書的によく紹介されるのは、「自己関連づけ効果」と「自己生成効果」である。

自己関連づけ効果は、講話シリーズ第2巻で紹介した。事物と事物をただ関連づけたり意味づけたりするよりも、自分の何かしらに関連づけた方がより豊かにイメージでき、記憶にも残りやすくなるというものである[122]。さらには、その自己関連がエピソード記憶あるいは個人的な出来事や経験といった自伝的記憶[123]までを含むものになれば、それらに付随する文脈や内容、感情など細部にわたる情報まで関連づけられることになり、イメージや記憶への残り方もより大きなものとなる。

自己生成効果は、外部から与えられることよりも、自分で生成したことの方が記憶に残りやすいという効果である[124]。外部から与えられることを「教師から与えられること」に、自分で生成したことをアクティブラーニングの書く・話す・発表する等の「外化」に置き換えると、アクティブラーニングの学習効果としても理解される。

自己と記憶に関する情報処理についてはは、ほかにも自己選択効果（たとえば、覚えないといけないことを外部から強制されるより、自分で選ぶことが記憶保持の効果が高いこと)[125]や実演効果(たとえば、指を組む、ドアを指さすなどの動作課題で、動作の文が与えられるよりも実際にその動作をおこなった方が記憶保持の効果が高いということ)[126]など、主体的に認知活動や行動をおこなった方が記憶保持をより高めることも明らかになっている。

図表27の有機的統合理論で見たように、外発的に与えられることの多い学校での学習課題をより内発的なものへと、自己決定的(自律的)なものへとしていくために自己の関与(同一化的調整や統合的調整)が求められる。前述した、自己を関与させた記憶の情報処理(自己関連づけ、自己生成など)が、必ずしも生徒の学習を動機づけるという論にはならない。そこには多少の論の飛躍がある。しかし、自己の関与が記憶の情報処理を高めることは多くの実験結果で確かめられており、有機的統合理論と合わせれば、少なくとも課題を自己に関連づけること、自己の枠組みで理解や考えを外化することが学習を前向きに動機づけることは十分に考えられる。図表22に関連づけると、第Ⅱ層(自己調整型)の主体的学習を促すものだとも言える。

講話シリーズ第2巻[127]で生徒の学習意欲を高めるものとして紹介した自己関連づけの二つの事例をもう一度紹介しておこう。一つは、(京都府南丹市立)園部中学校での社会科の授業である。地理で九州地方の工業化と環境破壊の問題を学習した後、遠く離れた九州地方の問題を自分たちにとって身近なもの（≒自己）と関連づけるために、近隣に建設中の京都スタジアムの是非について考えさせるという学習がおこなわれた。もう一つは、（神奈川県立）港北高等学校におけるコミュニケーション英語Ⅲの授業である。ある単元を貫いて用いることのできる質問「成功するために最も重要なことは努力か、才能か」をアンケート調査（日本語）で実施し、その結果を用いて英語表現に関する学習がおこなわれた。語彙や文法などの英語表現が先にあるのではなく、質問に対する自身（自己）の考え、他者の考え、結果がクラスで異なることなどをふまえて、すなわち自己関連づけを多角的におこなって、英語表現の学習が進められたのであった。

最近見学した桐蔭学園の授業から、自己生成効果を技法として用いている実践例を二つ紹介しよう。

英語コミュニケーションⅠ（高校一年生対象）の授業（大渕登志世教諭）では、カンボジアで笑顔の人たちを助けたいと、地雷だらけの地でハーブを育て店を立ち上げた篠田ちひろさんの話を扱う単元（Lesson 7）を学習していた。単元の後半の時限を見学したとき、教師は生徒にスモールトーク（Small Talk: Talk About Yourself!）をさせた。**図表28**はそのスライドであり、課題は「あなたの友だちが困っているのを見たら、あなたは何をしてあげますか？（If you find your friend in trouble, what will you do for him [her]？）」「何を言ってあげますか？（What will you tell him [her]？）」であった。教科書に出てくる文章を読ませ、そこに出てくる語彙や文法、表現を学習するだけでなく、篠田さんの生き方を自身（自己）

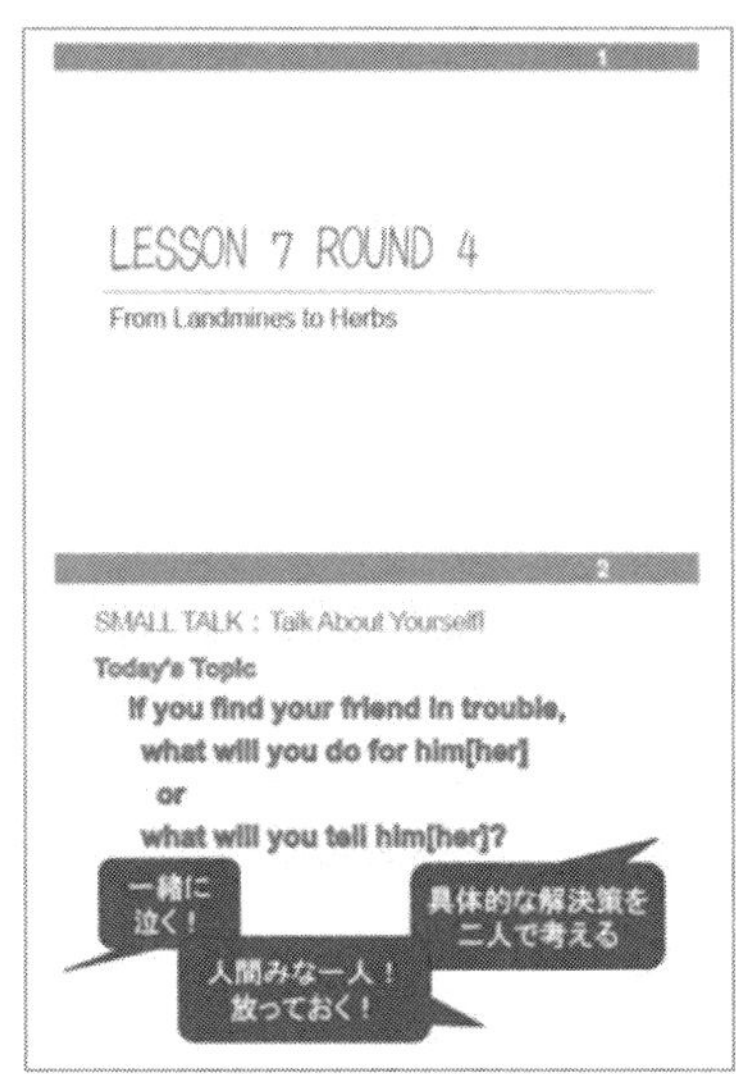

図表 28　自己関連づけの導入スライド（コミュニケーション英語Ⅰ）

大渕登志世教諭（［神奈川県私立］桐蔭学園高等学校）（英語コミュニケーションⅠ　高校1年生）

に繋げ（＝自己関連づけ）、自分は身近な友だちに何をしてあげられるか、何を言ってあげるか、といった自身（自己）の考えをも（英語で）表現させるのである（＝自己生成）。課題への取り組みにおいては、篠田さんが大学卒業後に大手の就職先が決まっていたにも関わらず、単身でイギリスに渡り英語を学び、その後カンボジアに渡る、といった教科書には載っていない情報も与えられ、より具体的に自身の生き方を考える工夫もなされた。

現代文B（高校二年生対象）の授業（松永和也教諭）でも、単元の導入部で、教師が「はてなだし」（物語の冒頭部分で疑問を挙げながら情報を絞り出す読み方）と呼ぶ作業をしていた。夏目漱石の『こころ』の

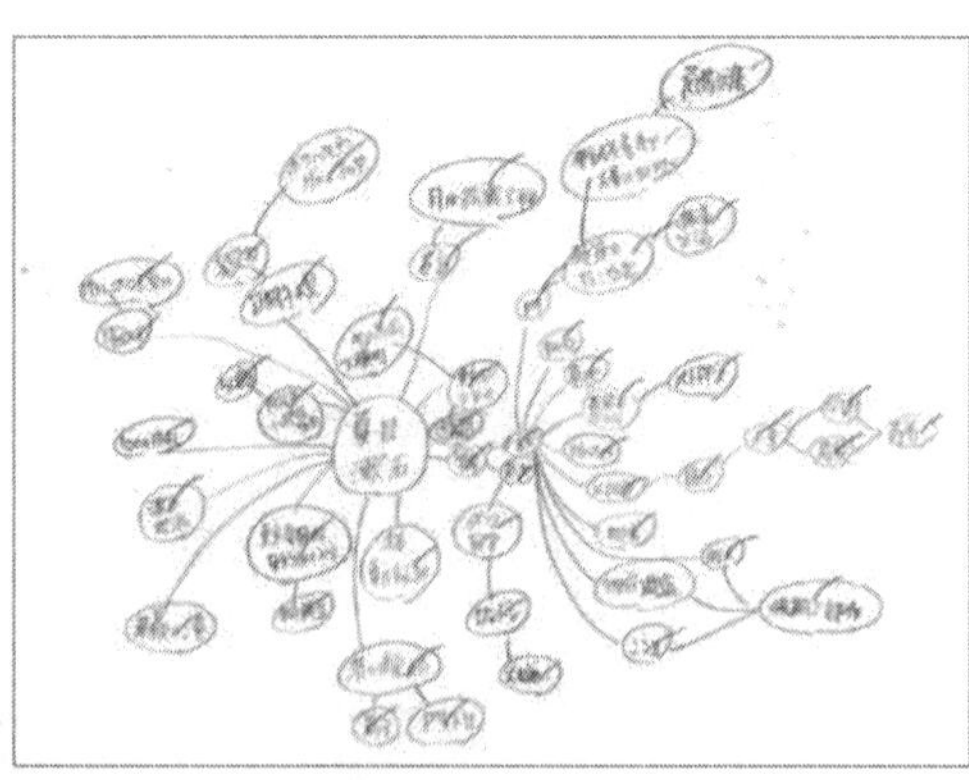

図表 29　自己関連づけの導入スライドと生徒のイメージマップ（国語総合）

松永和也教諭（［神奈川県私立］桐蔭学園高等学校）（現代文 B　高校 2 年生）

初回の時限であり、生徒は漱石に関して知っていることを挙げ、イメージマップでそれを図式化し（**図表29**を参照）、そうして漱石のテクストを読んでいく学習に入っていった。教師が「はてなだし」と呼んで生徒にさせている作業は、与えられる漱石のテクストをただ読み解くのではなく、自身にとって漱石はどのような人（イメージ）か、自分は何を知っていて、どのようなことを考えてみたいか（疑問）といったことを外化させる作業であった。それは、新しい教材との出会いの場面で、生徒一人ひとりが作者やテクストを自身に引きつける自己関連づけ、自己生成の作業でもある。

これらは、多くの授業でなされているごく

普通の取り組みであろうが、学術的に見ると、それらは課題を自己と関連づけたり、自己生成（外化）を通して教師や教科書からは与えられない自分だけの知識や経験をあぶり出したりする技法になっていると説明される。第Ⅱ層の主体的な学習（図表22を参照）を促す取り組みとも言える。

さらにそれは、知識や事象を関連づけていくことを原義とする深い学びであるとも言える。しかも、ただ関連づけるだけでなく自己に関連づけるわけであるから、前節の動機づけ、本節での記憶の情報処理の両観点をふまえて、上位に位置する深い学びであると考えられる。もちろん、自己に関連づけた**深い**学びが、必ずしも教科や専門の知識内容の観点から見ての**深い**理解であるとは限らない。いくら自己に関連づけて意欲が高まっても記憶の情報処理が高まっても、学びの中身が正しい理解ではない、期待される考えから見てほど遠いということは十分に起こり得るからである。ここは分けて理解する必要がある。

8 小括

近年唱えられるＯＥＣＤの「学習者のエージェンシー」は、「来る社会」（対象・客体）に働きかける主体を表し、自己（主体）を起点として対象（客体）に優位に働きかける学術的なエージェンシー（行為主体性）の定義に合致するものである。また、学習者のエージェンシーは、「進んでいくべき方向

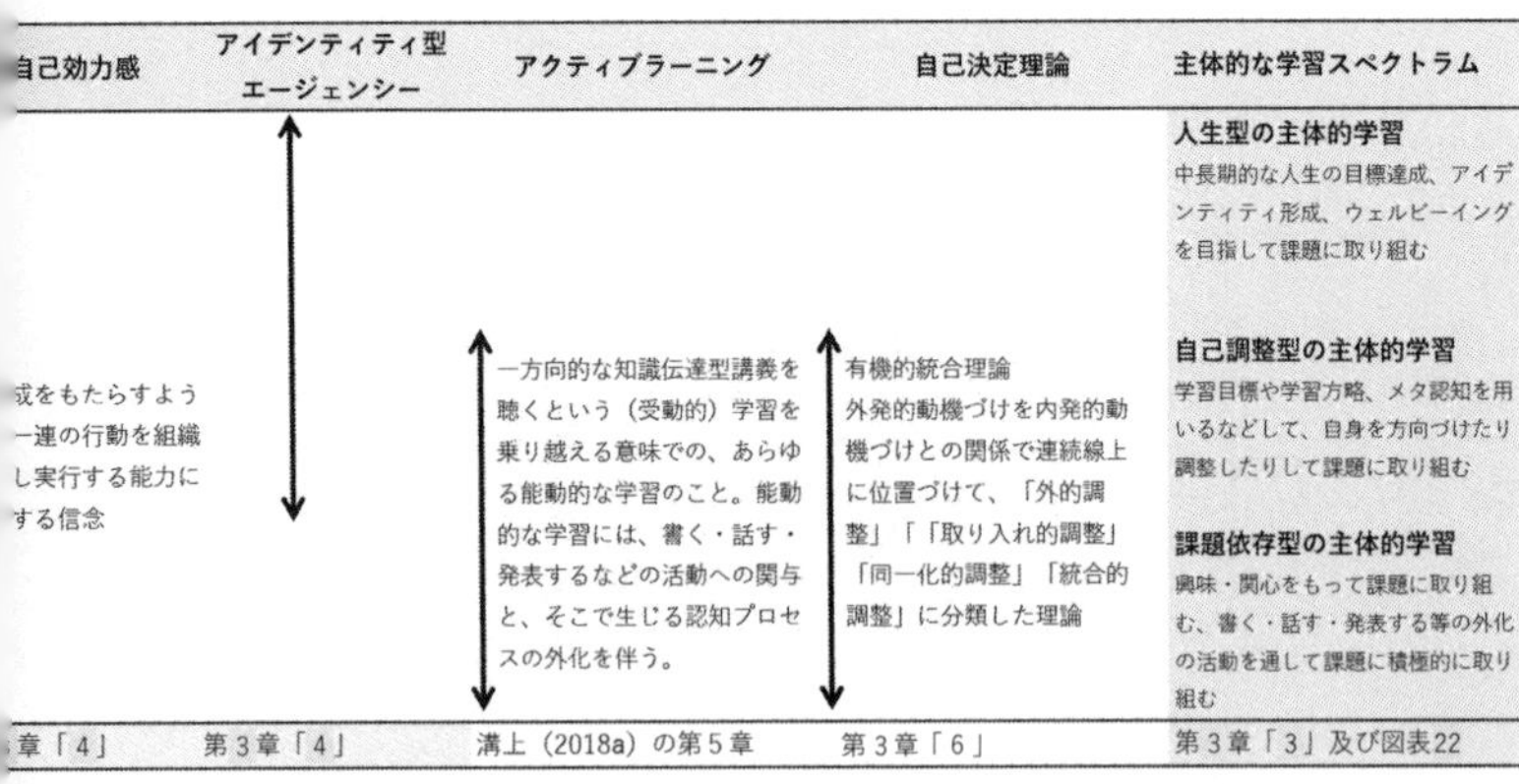

自己効力感	アイデンティティ型エージェンシー	アクティブラーニング	自己決定理論	主体的な学習スペクトラム
	↕			**人生型の主体的学習** 中長期的な人生の目標達成、アイデンティティ形成、ウェルビーイングを目指して課題に取り組む
成をもたらすよう一連の行動を組織し実行する能力にする信念		一方向的な知識伝達型講義を聴くという（受動的）学習を乗り越える意味での、あらゆる能動的な学習のこと。能動的な学習には、書く・話す・発表するなどの活動への関与と、そこで生じる認知プロセスの外化を伴う。	有機的統合理論 外発的動機づけを内発的動機づけとの関係で連続線上に位置づけて、「外的調整」「「取り入れ的調整」「同一化的調整」「統合的調整」に分類した理論	**自己調整型の主体的学習** 学習目標や学習方略、メタ認知を用いるなどして、自身を方向づけたり調整したりして課題に取り組む **課題依存型の主体的学習** 興味・関心をもって課題に取り組む、書く・話す・発表する等の外化の活動を通して課題に積極的に取り組む
章「4」	第3章「4」	溝上（2018a）の第5章	第3章「6」	第3章「3」及び図表22

性を設定する力」「目標を達成するために求められる行動を特定する力」を基礎としており、それはすなわち第2章での二つのライフに、ひいては時間・空間的な拡張的パーソナリティに相当するものとも議論された。

また、バンデューラのエージェンシー論の四つの特徴（意図性・将来の見通し・自己の態度・自己省察）をもとに、三層（第Ⅰ～Ⅲ層）からなる主体的な学習スペクトラム、それを一般化したエージェンシースペクトラムを提示した。ＯＥＣＤのエージェンシーは第Ⅰ～Ⅲ層に、二つのライフは第Ⅱ～Ⅲ層に、自己効力感は第Ⅰ～Ⅱ層に、アイデンティティ型エージェンシーは第Ⅲ層に、自己決定理論（有機的統合理論）は第Ⅰ～Ⅱ層に、記憶の自己関連づけや自己生成は第Ⅱ層に対応すると考えられた。**図表30**は、以上を整理して一覧にしたものである。

なお、私のアクティブラーニング論は第Ⅰ～Ⅱ層に対応すると考えている[128]。この対応も図表の最後に加えて

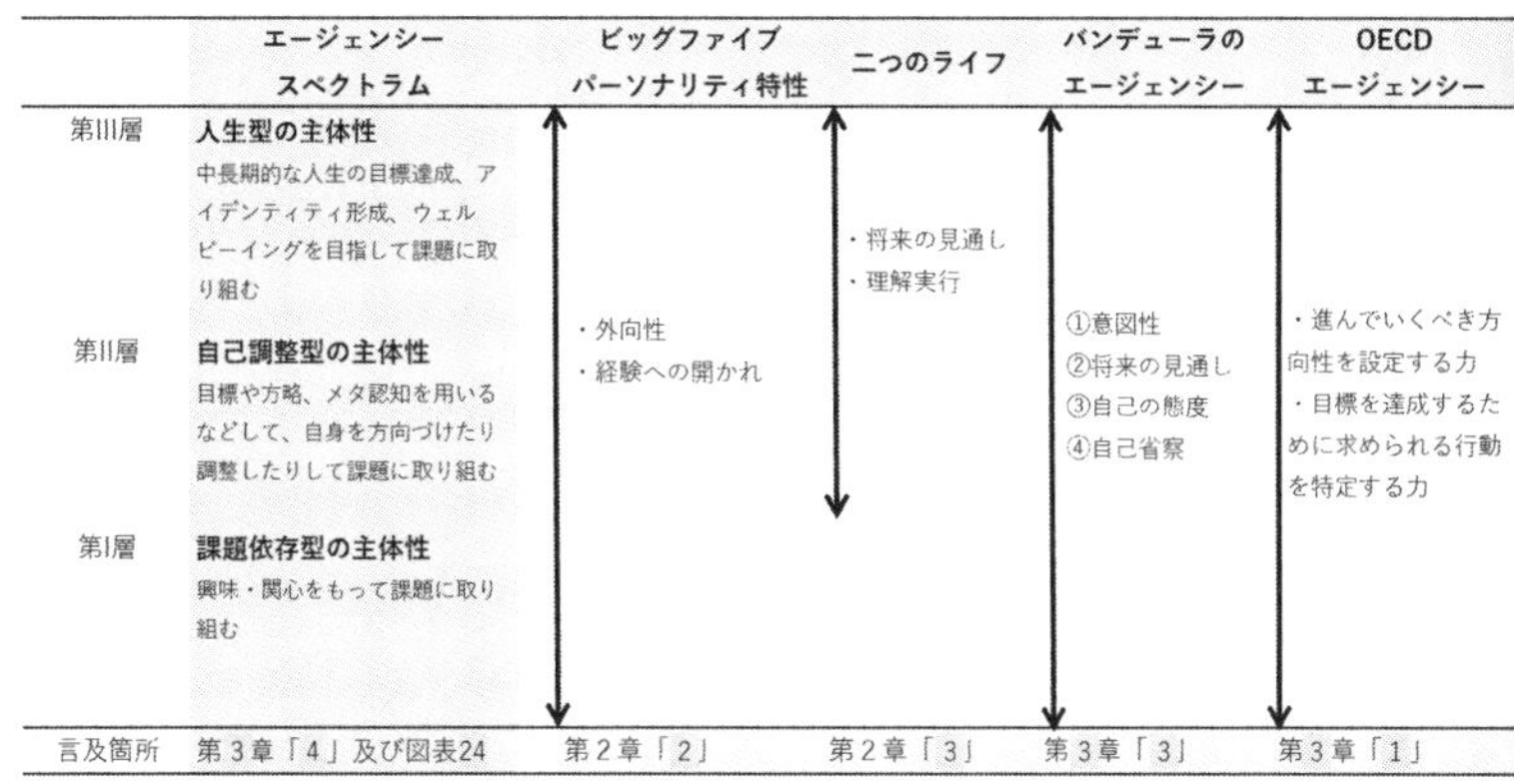

	エージェンシースペクトラム	ビッグファイブパーソナリティ特性	二つのライフ	バンデューラのエージェンシー	OECDエージェンシー
第III層	**人生型の主体性** 中長期的な人生の目標達成、アイデンティティ形成、ウェルビーイングを目指して課題に取り組む		・将来の見通し ・理解実行		
第II層	**自己調整型の主体性** 目標や方略、メタ認知を用いるなどして、自身を方向づけたり調整したりして課題に取り組む	・外向性 ・経験への開かれ		①意図性 ②将来の見通し ③自己の態度 ④自己省察	・進んでいくべき方向性を設定する力 ・目標を達成するために求められる行動を特定する力
第I層	**課題依存型の主体性** 興味・関心をもって課題に取り組む				
言及箇所	第3章「4」及び図表24	第2章「2」	第2章「3」	第3章「3」	第3章「1」

図表30　概念整理（まとめ）

おく。

注

91　ＯＥＣＤ "Education 2030: The Future of Education and Skills"（二〇一八年五月四日）。本ペーパーの日本語による仮訳版が文部科学省より出されているので、併せて参照されたい。
（原版）https://www.oecd.org/education/2030/E2030%20Position%20Paper%20(05.04.2018).pdf
（仮訳版）http://www.oecd.org/education/2030/oecd-Education-2030-Position-Paper_Japanese.pdf

92　ＯＥＣＤでは教育の目標を「ウェルビーイング（well-being）」と幅広くとっており、財産、職業、給料、住宅などの物質的な資源の獲得にとどまらず、健康や市民としての社会参画、社会的関係、教育、安全、生活への満足度、環境などの「ＱＯＬ（生活の質：Quality of Life）」に資するものと捉えている。

93　はじめに注1を参照。

94 詳しくは溝上責任編集（2018）を参照。

95 バンデューラ（1979）の「モデリングによる学習」（25～63頁）を参照。

96 Bandura（1982, 1989）を参照。なお、環境に対して主体が受け身的な存在ではないと批判した論者にハルトマンもいる。ハルトマン（1967）は、フロイトの自我が、エスの欲求と外界の制限の間に立って上手に調節するだけの働きに矮小化したことを批判し、自我は意志による調節をおこない、積極的に外界を意味づけ、適応をはかる機能を持つことを論じたのであった。

97 Bandura（2001）を参照。なお英訳は、①意図性（intentionality）、②将来の見通し（forethought）、③自己態度（self-reactiveness）、④自己省察（self-reflectiveness）である。③ self-reactiveness は、環境に対する自己の「反応」を問題にするものと解して、「自己の反応性」と訳してもいいかもしれない。しかし、「反応」と訳すと、行為主体の環境に対する動機づけや自己調整といった積極的な態度が表現されず、ここでは「自己態度」と訳した。Self-reactiveness の考え方については、Bandura（1991）も参照。

98 はじめに注1を参照。

99 はじめに注1を参照。

100 Bandura（1982）を参照。

101 Bandura（1997）、3頁より。Bandura（1977）の自己効力感に関する初期のレビュー論文も参照。

102 江本（2000）を参照。

103 Gortner & Jenkins（1990）を参照。

104 Bandura（1997）の Chapter 6～9 を参照。

105 データは、京都大学高等教育研究開発推進センター・公益財団法人電通育英会主催「大学生のキャリア意識調査」の二〇一六年データを使用。調査は、（株）マクロミルモニターより大学一年生一、〇〇〇名（男性五五九名、女性四四一名)、大学三年生一、〇〇〇名(男性五五九名、女性四四一名)、計二、〇〇〇名を対象に二〇一六年一一〜一二月に実施された。変数であるが、二つのライフについては第3章「1」をお読みいただきたい。アイデンティティ得点は、Rosenthalら(1981)のEPSI(エリクソン心理社会的段階目録 第5段階)(日本語版:畑野ら,2014)を使用した。原版は12項目であるが、「私は、男性であること、あるいは女性であることの意味をはっきりとつかんでいる」のジェンダー項目を除き、11項目で実施した。「統合」と「混乱」の二因子からなる尺度であるが(Schwartz et al., 2009)、混乱因子は逆転項目にして、ここではアイデンティティの高低だけを見ている。クロンバックのα係数は.769であった。なお、大学生のキャリア意識調査は二〇〇七年より三年おきに実施されており、二〇一六年までの四回分の調査結果の比較や変化は、溝上(2018c)にまとめられている。

106 「アイデンティティ型エージェンシー(identity-based agency)」については、コテ・レヴィン(2020)の第3章に詳しい。この問題に関するコテの初期の議論は、Côté & Levine (2002, 2016)も参照。

107 コテ・レヴィン(2020)を参照。

108 中間(2016a)を参照。

109 佐藤(2016)を参照。

110 中間(2016b)を参照。

111 コテ・レヴィン(2020)を参照。

112 平岩(2019)を参照。

113 同章注112を参照。

114 同章「1」を参照。

115 同章注112を参照。

116 Ryan & Deci (2000) を参照。

117 「オペラント条件づけ (operant conditioning)」とは、「有機体の自発したオペラント行動（特定の誘発刺激がなく、自発した反応）に強化刺激を随伴させ、その反応頻度や反応トポグラフィを変容させる条件づけの操作、およびその過程」(山田，1999) と定義される学習論の一つである (cf. スキナー，2003)。たとえば、イヌに「お手」と言って、イヌが自発的に手を出したら、直後におやつを与える。以降、イヌは「お手」(刺激) と言われて手を出す (反応) と、おやつがもらえるという学習をする。これを、オペラント (自発的行為にもとづく) 条件づけと呼ぶ。

118 「動因低減説 (drive reduction theory)」とは、「強化による反応増加の理由を説明する理論」である。「動機づけられた行動は仲介変数である動因や欲求によって喚起され、これらの動因や欲求を満足させ低減させた反応が強められると考える」(ともに坂上，1999)。たとえば、人は空腹を軽減するために (動因や欲求の低減)、食事をしたいという行動に駆られる。動因低減論では、このように、生理的に喚起される動因や欲求を軽減するために、行動に動機づけられると説明する。

119 Deci (1971, 1975)、Ryan & Deci (2000) を参照。

120 自己決定理論 (self-determination theory)。Deci & Ryan (1985, 2011)、Ryan & Deci (2000) を参照。

121 Deci & Ryan (2012)、Reeve (2012)、Ryan & Deci (2000) を参照。日本語による説明として櫻井 (2009, 2012) を参照。

122 詳しくは堀内 (1995) を参照。なお、「記憶保持が高まる」「記憶に残りやすい」などの記憶成績は、心理学実験では一般的に、再生や再認などのエピソード記憶テスト、潜在教示や潜在教示の下で実施される単語フラグマント完成テストや一般知識テストを使用して測定される (堀内，2013)。

123 「自伝的記憶 (autobiographical memory)」とは、自分が過去に経験した個人的記憶の総体である (佐藤，

2008, 2013)。エピソード記憶（過去のある出来事をいつ、どこで、何をといった形で具体的に場面想起すること［Tulving, 2002］）と近い概念であるが、自伝的記憶の実験では、特定のエピソードまで検索されずに、個人的記憶が想起されることがあり、両者は区別されることが多い。たとえば、「私は昔からおとなしかった」という自己をイメージするとき、そのイメージは自伝的記憶から引き出しているが、そこで「昔からおとなしかった」を表す具体的な場面（エピソード）を必ずしも想起しているとは限らない点に両者の分別点がある（佐藤，2008）。

124 佐藤（2011）を参照。
125 堀内（2013）を参照。
126 同章注124を参照。
127 はじめに注２を参照。
128 はじめに注１の第５章で対応を論じている。

第4章　教育雑考

本書の最後に、講演やセミナー、研修などでお目にかかる教育関係者と議論して考えたこと、書物を読んで考えたことなどを自由に論じておきたい。

1　「この生徒はおとなしいしコミュニケーション力は低いけど、歴史が大好きなので、得意とするところを伸ばしてやりたい」をどう見るか

講話シリーズ第2巻[129]の第1章で、「あの子はおとなしいけど成績はいいんですよね！」をどう見るかについて論じた。この問題は、アクティブラーニングでペア・グループワークや発表など、他者との協働が求められるようになっている中、学校現場において喫緊の課題となっている。

同書では、対人関係やコミュニケーションの弱さが単なる個性の問題では済まされず、学校から仕事・社会へのトランジション[130]に関する教育問題として受け止められねばならないと論じられた。

「子どものおとなしい性格を受け止め、認めてあげたい」「話すことが何よりも重要であるといった風潮にうんざりしている。一人で物静かに考えたり勉強したりすることも重要だと思う」といった、よく学校現場からいただくコメントも紹介した。

これらの考えは否定されるべきものではない。一人ひとりの生徒の個性を受け止め認めることは、教師にとってとても重要な関わり方である。一人で物静かに考えたり勉強したりすることの重要性を否定する人はいないだろう。口達者であっても中身なしのような生徒を良しと見る教師は、そう多くはないはずである。

その上で、それでも厳しい物言いをせざる得ない。対人関係・コミュニケーションの弱い生徒はトランジションの観点から見て問題であり、先々苦労する確率が高いだろうと予測される。本書の第2章「1」の拡張的パーソナリティのデータで示したように、外向性の弱い大学生、社会人は学校や職場でのパフォーマンスが弱いことも明らかにされた。教師は、勉強ができない生徒に対して、少しでもできるようになるよう教育活動の工夫や努力をしている。それのパーソナリティ版がさらに求められていると理解してほしい。

この十年における初等中等教育の文部科学省施策においては、対人関係やコミュニケーションを含めた表現力が学力の三要素の一つ（思考力・判断力・表現力）として、すなわち学力の一つとして考えられるようになっている。前学習指導要領（二〇〇八年）から今回の学習指導要領（二〇一六年）にかけての改訂の大きなポイントでもあった。大学教育では、二〇〇八年の学士課程答申[131]で提示された学士力（学士として求められる知識・能力・技能など）の中に、コミュニケーション・スキルが含められている。昨今の大学では、学位授与方針（ディプロマポリシー）を定めてそれに基づく教育目標、カリキュラム・授業が推進されているが、その学位授与方針の中に、表現はいろいろあっても対人関係・コミュニケーションに関する項目は、掲げられていない大学・学部を見つけるのが難しいほどに一般的に掲げられている。制度的に見ても、対人関係・コミュニケーションが単なる生徒の個性でいいとは捉えられていないことが明々白々である。どのような角度から見ても、対人関係・コミュニケーションの弱さを学校教育の問題として、トランジションの問題として捉えていく世の中の作業はずいぶんと進んできたと見える。

他方で、いま学校現場で喫緊の課題となっているのは、対人関係・コミュニケーションの弱い生徒に対する学校や教師の実践的対応である。目の前にこれからの仕事・社会に出て行く生徒がいるのである。ある程度の資料やデータ、国の施策は出そろってきている現状の中、実践的対応の促進が求められている。なお、講話シリーズ第2巻[132]ではその対応の方途として以下の三つのポイントを紹介した。繰り返しになるので、詳しくは同書をお読みいただきたい。

(1) 授業での学習目標として明示し、参加者全員の問題とすること

(2) 問題となる生徒には個別指導で対応すること

（3）学校で組織的に取り組むこと

本書では、節タイトルに挙げた「この生徒はおとなしくコミュニケーションは弱いけど、歴史が大好きなので、得意とするところを伸ばしてあげたい」に対する私の考えを返答したい。講話シリーズ第2巻[133]を刊行した後、ある教員からいただいたものであり、学校現場でよくいただくコメントでもある。

私の回答は、ＹＥＳ＆ＮＯである。

子どもの興味・関心を示す活動や得意とする力を伸ばしてあげてほしい。先の「生徒のおとなしい性格を受け止める」「認める」「一人で物静かに考えたり勉強したりすることも重要だ」と同じで、教師にとって重要となる生徒への関わり方であり、教育観の一つである。これはＹＥＳの部分である。

ＮＯの部分は、いくら好きな活動があっても得意とする力があっても、やはりおとなしい、コミュニケーションが弱いということでは、将来の仕事・社会で苦労する確率が高いことを、教師は知っておかねばならないということである。個人の興味や得意とするところを他者に表現できてこそ、それが仕事・社会で生きるというものである。

よく知られるＨ・ガードナーの多重知能理論では、知能は伝統的な知能テストで測定されたＩＱいくらという画一的な数字で示されるものではないこと、人びとの知力は多元的であり、ある認知や行動は、さまざまな知能の複合的・相互補完的な働きが結晶して起こるものであることが主張される。ガードナーは多重知能を次の八つの次元からなるものと考える[134]。

①言語的知能
②論理・数学的知能
③視覚・空間的知能
④身体運動的知能
⑤音楽的知能
⑥対人的知能
⑦内省的知能
⑧博物的知能

人の知能は多元的である。一般的には、すべての知能が長けている人は少なく、逆も然りである。知能の各次元における強み、弱みがさまざまにあって、その複合的・相互補完的な働きによって能力やパーソナリティの表れがある。個人のそのような能力やパーソナリティの表れがいろいろな他者、集団の中で比較されて、その高低が示されるとき、私たちはそれを「個性」と呼んでいる。

知能は、親からの遺伝、家庭環境など、個人ではコントロール不可能な要因の影響を受けて、誕生以来の発達を基礎として育つものである。幼少時、児童期と十分に育たなかったある知能が、その後の人生で大ジャンプして育つことはめったに起こらない。さまざまな次元をバランス良く育てようとしても、次元の強み、弱みは否応なしに生じ、良くも悪くも個性的にならざるを得ない。それが人というものである。人は万能ではないのだから、教師には、子どもの興味・関心を示す活動や得意とする力を伸ばしてあげてほしいと思う。ＹＥＳとした私の回答は、このような考えに基づいている。

他方で、個性が仕事・社会で通ずるものなのかという現実的な視点を持ち合わせなければいけない。ここがこの問題の最大のポイントである。仕事・社会にまったく合わせなくていい、学校の教育は仕事・社会とは別だと考える教師がいるなら、その教師にはそもそも学校とはどういう場なのかと問わなければならなくなる。なぜ知識を授けているのかを問わなければならなくなる。

大学をはじめとする高等教育機関でさえ、ユニバーサル化した今日、学生のトランジションを意識しない教育の提供は認められなくなっている。先に述べたような、学位授与方針をいくつかの大学で見てみれば、すぐさまわかることである。学生の多くは研究者になるために大学で学ぶわけではない。旧帝大や威信のある大学など研究者を養成する大学においてさえ、大学に残るわずかな研究者希望の学生だけを対象にした教育など許されなくなっている。そのような研究大学においてさえ、ほとんどの学生は、全国八百近くもある大学の多くと同じように、企業や公務員、専門職等に就くべく大学に入学してくる。大学に残る研究者希望の学生に対しても実は同じことが言えるのだが、それはさておき、企業等に就職する学生はトランジションの実現のために、専門・教養の知識習得だけでなく、その過程で、文科省的に言えば思考力・判断力・表現力をも培わねばならない。中でも、高度に発展、変化する日本社会[135]において、他者との協働が非常に大きな意味を持つようになっている。その力を少しでも改善・発展させなければならない。個人一人の頭の中でいくら知識があっても、良い考えを持っていても、地頭が良くても、それを他者に表現できない、協働する力の弱い人は、仕事・社会の中で苦労する確率が高くなるのである。

大学においてさえこのような状況であるのだから、高校以下の教育においては言うまでもないことである。しかも、対人関係・コミュニケーションをはじめとする資質・能力は、発達の問題があり、たとえば高校生までにできなかったこと、十分に取り組まなかったこと、逃げてきたことは大学生になって十分にできないことも明らかになってきている[136]。義務教育段階の基礎期はもちろんのこと、高校生くらいまでの間に資質・能力の基本的なところを育てなければいけない。

誤解のないように私のYESの回答をもう一度ふまえて、まとめよう。生徒の好きな活動、得意とする力を伸ばしてあげる教師であってほしい。人の知能は多元的であり、すべての次元において秀でていることは一般的ではない。強みを伸ばし、弱い部分を最大限改善する努力を促す。中でも、対人関係・コミュニケーションの弱い生徒には、トランジション先を意識して、一歩でも二歩でも改善していくよう促す必要がある。生徒の学びと成長において教師がすべきことはこういうことである。

R・セネット[137]は『それでも新資本主義についていくか―アメリカ型経営と個人の衝突―』の中で、高度な柔軟性を必要とする経済的な条件によって、人が個性的な感覚を維持することが難しくなっていると論じている。個性は、人が事物、他者や環境との相互作用を経て、長い年月をかけて積み重ねて形成してきた、言わば個人の拠り所である。ときに心乱れたときも、この拠り所に戻って自身(自己)を確認する、取り戻す。個性とはそういう場所である。

セネットの論を本書に引きつけて言い直せば、社会の変化に順応しすぎて個性を見失っていいのか、という問いかけでもある。社会の変化に対応するべく、対人関係・コミュニケーションをはじめとする必要な資質・能力を育てよと言い、他方で個性は人の生(ライフ)[138]の拠り所であるとも説かねばならない。両者が相反するばかりではないと思うが、相反する状況は実際にある。難しい時代である。

2　自分が生徒の時にはアクティブラーニングをしてこなかった。なぜ今の生徒にここまで求めるのか

講演やセミナーで参加者からよく受ける質問の一つに、「私が高校生や大学生だった一九八〇年代にはアクティブラーニングはありませんでした。今の生徒になぜここまで求められるのでしょうか」というものがある。一九七〇年代から八〇年代の時代幅で考えていいと思うので、以下では第2章「1」の議論を基に、一九七〇年代から八〇年代を「昭和の時代」、今日を「現代」と便宜的に呼んで回答する。

私の端的な回答は、学校から仕事・社会へのトランジション[139]の観点から見て、学校から移行する先の仕事・社会の状況が昭和の時代のそれと現代のそれとが大きく異なっているから、というものである。仕事・社会が両時代でまったく異なっているのであり、**トランジション**の観点から見て、それらに接続する学校教育のさまざまな側面が見直されなければならないのは至極当然のことである。アクティブラーニングはその一つの活動に過ぎない。アクティブラーニングを資質・能力やカリキュラム・マネジメント、探究的な学習、英語コミュニケーション、その他にもキャリア教育や情報教育、選挙権やSDGsなど、さまざまに置き換えても同じ質問になり、同じ回答になる。

「自分が中高生、大学生だった昭和の時代には、学校でアクティブラーニングをしてこなかったけれども、今自分はいろいろ取り組めている。問題ないのではないでしょうか」という質問もある。

この質問者が「いろいろ取り組めている」ことは良いことなので、それは良しとしよう。しかし、それはその質問者が「（幸いにも）いろいろ取り組めている」ということであって、そのことが他の多くの人びとも同様に「いろいろ取り組めている」ことを説明するものではない。ここが問題である。

読む・書くを中心におこなってきた昭和の時代の英語教育を見直して、現代では英語コミュニケーションがさまざまな形で教科化されている。開始時期や学習の中身の問題は横に措き、昭和の時代の英語教育を通して日本人の多くが話せるようになっていないのは事実である。しかし、だからと言って、昭和の英語教育を受けた人が皆話せないわけではない。彼らは、学校で教えてくれないなら英会話学校や留学などにより英語コミュニケーションを学び、話せるようになったのである。彼らが、「自分たちは学校では教えられなかったけど、いろいろ努力して、今英語を話せている。それで問題ないのではないでしょうか。」と言ったらどうなるだろうか。「はい、そうですね」となるだろうか。

出自としての保護者の社会経済的地位（社会的地位や学歴、収入など）や文化資本（教養や家庭にある蔵書数など）が子どもの教育格差を生み出している[140]。英会話学校に行くことなど思いも及ばない、行きたくても経済的に難しい、近くにそのような学校がない等、少し考えるだけでも、個人ひとりの意欲や努力だけで身につけられるものでないことは明々白々である。

それを日本全体の社会的課題だと見なし、トランジションの観点から学校教育のプログラムとして本格的に取り込み始めたのが現代の教育改革である。一部の人が自助努力で話せるようになればそれで良しとするのではなく、国際化・グローバル化を背景として、現代の仕事・社会に接続して多くの人が英語を話せることが切に求められて、現代の教育改革に至っているのである。この状況は、昭和の時代のそれとは比べようもないほど異なるものである。

アクティブラーニングが育成対象の一つとする、思考力・判断力・表現力等に集約される資質・能力についてもまったく同じである。一部の人は議論のできる恵まれた家庭環境で育っていた。大学進学率が低かった時代に大学で学んだ人は、授業でアクティブラーニングがなくても、課外でそのような機会や時間を学生たちで作り出すエリート文化を享受していた。弁論部や〇〇研究会などのクラブ活動や社会的活動を通して、資質・能力を身につけた人もいる。それが昭和の時代であった。また、昭和の時代と言っても、学校によっては今アクティブラーニングと呼ぶものを実施していた学校もある。ある教師が個人的にそのような授業をおこなっていて、それを受けたという人もいる。いろいろな条件や運に恵まれて実践を享受できた一部の人は良いだろうが、大多数の人は享受できないまま大人になっている。

先の英語コミュニケーションと同じで、日本全体で見たときに議論や発表、問題解決の作業に慣れていない大人が少なくない。伝統的な日本の和の文化も手伝って、まさに出る杭は打たれるがごとき、主張や発言を控える習性が深く身についてしまっている人がいる。与えられなければ動かない、自ら課題を発見し問題解決しないような大人が少なからず散見される。初対面が苦手、新しい経験に開かれていないと言っていくと、第2章、第3章で論じてきた拡張的パーソナリティやエージェンシーの問題にも話が繋がっていく。

昭和の時代は、まだ工業化の時代、ものづくりの時代であった。世界の先進国をモデルとして、彼らに追いつくことが目標であった。しかし、一九八〇年代に入って彼らに追いつき追い越し、個性や創造性を示さなければならなくなった後[141]、そして人口減少や国力の減衰をはじめとする日本固有の問題が明らかになりそれに対処しなければならなくなった後[142]、それらに力強く立ち向かう国民の資質・能力や個性・創造性が十分に育てられていないことが露呈した。これが現代の状況である。

もはや、昭和の時代になされた基礎知識や技能を習得する学習くらいでこの状況に対応できるはずはなく、現行の学習指導要領で提示された活用・探究まで含めた学習が求められている。活用・探究の学習を求めることは、その学習の性格上、思考力・判断力・表現力等の資質・能力の育成を求めることに他ならない。新学習指導要領のキーワード「社会に開かれた教育課程」もここで繋がってくる。

一部のできる人がいてそれで良しとするのではなく、多くの子どもにそのような資質・能力を身につけた大人になってほしいと願って、それを学校教育の教授学習法を転換する形でアクティブラーニングを一般化していく作業をおこなっている。これが現代の学校教育改革である。

3　社会に生きる個性を育てる――教授パラダイムと学習パラダイムに関連づけて

現代の学校教育で育成が求められているキーワードの一つは「個性」である。個を育てると置き換えてもよい。本書のいくつかのところでも、「個性」という言葉を使って論じてきた。使おうと思わなくても、使わないと論が進められないほどに、この言葉は現代の学校教育論の中にしみ込んでいる。本節では「個性」を定義し、現代の学校教育論におけるこの概念の果たす役割を示すこととしたい。

実は私たちは、意識するしないに関わらず、個性を育てる学校教育を展開してはや三〇年経っている。

一九八九年の学習指導要領改訂に向けての答申は、個性を用語として前面に打ち出した初期の施策であった。そのポイントは、親からの期待に応える、あるいは教師の持つ正解にたどり着くだけの、いわゆる「良い子」「優等生」ではなく、知識・理解を基礎・基本としつつ、個の内なる世界もしっかり持った子どもを育てようというものであった[143]。昭和の最後に打ち出されたカードであったと見れば、昭和から現代への時代の推移を見て取れておもしろい。答申では次のように述べられている。

「二十一世紀に向かって、国際社会に生きる日本人を育成するという観点に立ち、国民として必要とされる基礎的・基本的な内容を重視し、個性を生かす教育の充実を図るとともに、自ら学ぶ意欲をもち社会の変化に主体的に対応できる、豊かな心をもちたくましく生きる人間の育成を図ることが特に重要である」[144]（傍線部は筆者による）

近年の言語活動の充実や活用・探究的な学習、資質・能力の育成、主体的・対話的で深い学びは、基礎的・基本的な知識・理解だけでなく、生徒の個性的な考えや能力の伸張まで目指した、個性教育の現代版の取り組みと言えるものである。途中勢いを落としながらも、こうして姿形を変え脈々と生き残っているのを見ると、個性を育てることは現代の学校教育を考える上でどうしても避けられない取り組みの展開なのだと考えられる。

しかし、現代の学校教育論には、講話シリーズ第2巻[145]で取り上げた「おとなしい子」や、さらには本書第2章で取り上げた拡張的パーソナリティ、セネットの個性論[146]（本章「1」を参照）のように、パーソナリティあるいは社会性の一つとしての個性論が合流してきており、「個性」なるものの概念使用が混乱し始めている。同じ個性という用語が用いられていても、同じ意味で用いられているものなのかどうか、その相違もわからなくなってきている。ここで整理しておく。

「個性（individuality）」は少なくとも、パーソナリティの側面から説明される個性と社会性の側面から説明される個性との二つがある。

個性はまず、パーソナリティの一つである。パーソナリティの観点から個性は、「認知・行動・感情における他の人と異なるその人固有の特徴」と定義される。心理学では、人の精神の働きや原理、一貫した個人的特徴としての個人差や独自性を表す概念を「パーソナリティ」と措定して長らく研究をおこなってきた[147]。パーソナリティ研究の古典としてよく引用されるG・オルポートは、パーソナリティを「個人の内部で、環境への彼特有な適応を決定するような、精神物理学的体系の力学的機構である」[148]と定義した。個性は、このようなパーソナリティの個人差や独自性の一貫した個人的特徴を表すものである。

他方で、個性は社会性の一側面でもある。発達心理学では、社会性は、他者と共存し社会に適応していく「社会化（socialization）」と、個人の独自性が形成される「個性化（individuation）」の二側面からなると説かれる[149]。人が社会の中で生きていく以上、社会に自身（自己）を合わせて、社会から期待される、求められる規範や価値、行動を身につけなければならない。これが社会化（＝社会的適応）と呼ばれる側面である。他方で、第1章で説いたように、人が他者に関わりながら生きる以上、否応なしに他者と対峙して、あるいは他者と比較して浮き彫りになる自己固有の特徴を形成する。これが個性化の側面である。

パーソナリティとしての個性は、認知・行動・感情における他の人と異なるその人固有の特徴を示すに過ぎず、基本的にはそれが社会的に見て望ましい特徴なのかどうかを問うものではない。それに対して社会性としての個性は、社会性という用語自体が一定程度社会的な望ましさを包含している。その上での個性である。「あの人は個性が強すぎる」と批判的に言うことがあるが、それはその人のパーソナリティとしての個性を批判しているわけではなく、社会的な望ましさの観点から見ての社会性としての個性を批判しているのである。

このように考えると、「おとなしい子」は、パーソナリティとしての個性においては受容されるべきものの、社会性としての個性においては育てられるべき対象であることがわかる。時間・空間的な拡張的パーソナリティ（外向性・経験への開かれ・未来志向）は、現代の社会に適応しながらも同時に個性的に成長していくための、社会性としての個性を求めるものであったことがわかる。第3章「2」で、二つのライフは生徒の学びと成長を促す「自律のエンジン」であると、これまで説いてきたことを紹介した。しかしながら、第2章で示したように、二つのライフが時間・空間的な拡張的パーソナリティと同義と見なされるならば、二つのライフ、時間・空間的な拡張的パーソナリティは自律のエンジンというよりも「社会性としての個性化のエンジン」と呼んだ方がより適切である。他方で、セネットの個性はパーソナリティの一つとしての個性であり、社会的に見て良いも悪いもない。個人が独自に発達させてきた拠り所を単純に求めればいいものである。

学校から仕事・社会へのトランジション[150]の観点から個性の意義を大きくまとめよう。常識や社会的なルール・規範や価値から基礎的・基本的な知識や技能まで含めて、「皆が同じように理解すること、できること」といった共通の理解や行動様式を求めること、すなわち共通世界への適応（＝社会的適応）は、人に、他者や集団と共存して生（ライフ）[151]を営む社会的・文化的基盤を求めることに相等しい。社会や文化は常に進展しており、それに合わせて、「皆が同じように理解すること、できること」の中身も更新され、発展している。人が社会的・文化的に生（ライフ）を営もうとする限り、その更新された中身を学習すること、パフォーマンスすることが求められる。ここに子ども・大人、学校教育・仕事・社会の別はない。

学校教育で「皆が同じように理解すること、できること」というのは、個人固有の理解や考えを伴わない、皆と同じ正解にたどり着く学習をおこなうことである。主に、基礎的・基本的な知識・理解を習得する学習と見なされている部分である。仕事で言えば、その人固有の理解や行動を伴わない、与えられる業務を遂行することである。指示待ち行動もこの一つに含まれよう。これらが悪いわけではない。「皆が同じように理解すること、できること」といった共通世界への適応（＝社会的適応）があってこその文化であり社会である。

しかし、それはあくまで基礎・基本の部分である。社会的・文化的に生（ライフ）を営む上での必要条件であっても十分条件ではない。十分条件とするためには、学校教育で言えば、習得した知識や技能を活用する学習や、課題を発見したり問題解決したりする探究の学習が求められる。それらは、仕事・社会に関連する生きた文脈で活用すること（＝たとえば活用Ⅱ[152]や真正な学習[153]を参照）、仕事・社会の中にある課題を発見したり問題解決したりすることを特徴とすると説かれることが多いが、本節の関心に引きつけると、もっとも大きな特徴は正解が一つとは限らないということである。正解が一つとは限らないということは、「皆が同じように理解すること、できること」ではないということであり、ここに個性の関与してくる余地が生まれる。

活用・探究の学習は、一般的にグループワークや発表など、アクティブラーニングとしての外化の活動を伴う。頭の中にある理解や考え、問いなどを、自分の言葉で外化して、それを文章にして議論したり発表したりする。このような作業は、容易に正解以外の個人固有に持つ既有知識や考え、経験、疑問などに接続し、否応なしに個性的な学習成果とならざるを得ないものとなる[154]。

そして、アクティブラーニングとしての外化は、何も活用や探究の学習に限定されるものではなく、むしろ習得の学習においてこそしっかり取り組まれるべきものだとされる[155]。第１章でアクティブラーニングに関連づけて説いた自己と他者の観点は、まさに個性の原義である「他者と異なる」を生み出す最大の観点である。自己と他者の違いに焦点を当てることを得意とするアクティブラーニングは、まさに個性を育てる学習活動の基本である。習得・活用・探究のすべての学びの過程において、アクティブラーニングとしての外化が生徒の個性的な学びを実現する営みになると理解される。

職場では、与えられる業務を遂行する、指示待ち行動以上の仕事の仕方が求められている。昭和の時代には正規従業員の仕事であったルーチンやマニュアルワークは、現代ではパートやアルバイト、派遣社員などの非正規従業員の仕事となっている。代わって、正規従業員は組織や職場の課題を自ら発見し、問題解決し、新しい組織や職場のあり方を刷新・再構築していくことが求められている。

これからは情報処理技術やＡＩがさらに発展してくるから、今日非正規従業員がおこなっているルーチンやマニュアルワークの多く、正規従業員のおこなっている仕事の中でも、言わば正解のある、明確な手続きのある定型業務の多くはロボットやコンピューターに置き換えられていくことだろう。銀行や鉄道の窓口業務が、今ＡＴＭやインターネット処理に次々と置き換えられている事実を一つ思い浮かべるだけで、昭和の時代から現代への仕事の変化のポイントは、ある程度イメージできるはずである。

どのような雇用形態や職場で働くにせよ、これからの時代を生きていく上で、協働や問題解決、アイディア創出などができる、「皆が同じように理解すること、できること」とは異なる、個人固有の資質・能力が求められている。そして、その資質・能力は、仕事以外のコミュニティや社会生活を営む上でも同様に求められている。

図表31は、学校教育における教授パラダイムから学習パラダイムの転換を説明するときに用いている図式である[156]。これまでの議論を教授学習パラダイムの観点からも見直しておこう。

教授パラダイムは「教師主導（teacher-centered）」、学習パラダイムは「生徒主導（student-centered）」であることを特徴とする。教授パラダイムにおける典型的な授業形態は教師から生徒への一方通行的な講義であるが、ここではもっと広くとって、教師が設定する学習目標に向かっておこなわれるあらゆる教授学習の活動とする。それに対して学習パラダイムは、生徒自身の観点で取り組まれる学習を指す。

学習パラダイムは教授パラダイムに相対する概念として提示されたものであるが、提唱者の一人であるJ・タグ自身が述べるように、両パラダイムは決して二項対立の関係にあるものではない。教授パラダイムに基づき、教師主導で生徒に知識を伝達する講義の時間はあってよく、その時間は学習パラダイムによって否定されるものではない。タグが「学習パラダイムは活動の場を拡げ、教授パラダイムを越えたところに私たちを移動させるのである」[157]と述べるように、学習パラダイム

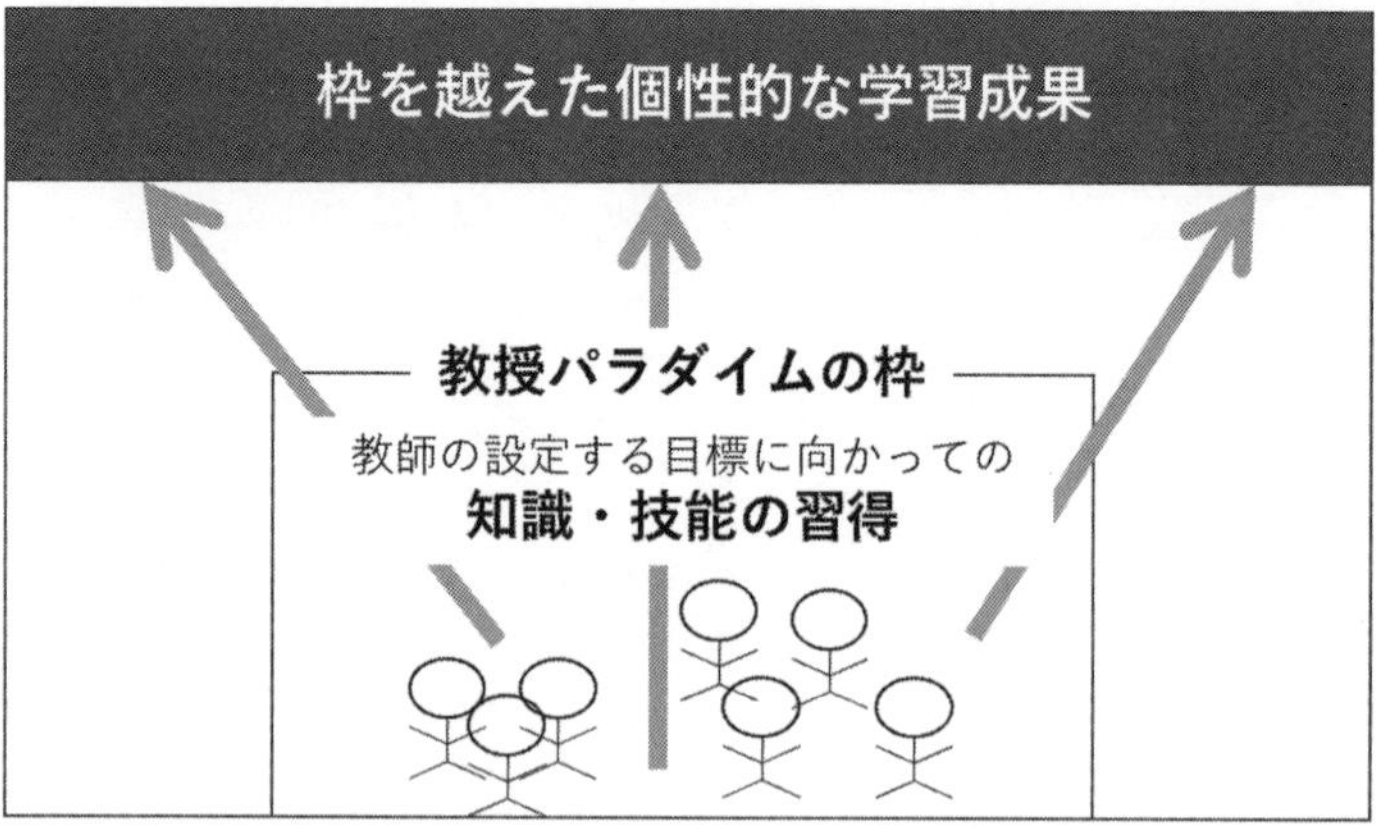

枠を越えた個性的な学習成果

教授パラダイムの枠

教師の設定する目標に向かっての

知識・技能の習得

図表 31　教授パラダイムの枠を越えるところに学習パラダイムに基づく個性的な学習成果の空間がある

※溝上（2018b）、図表 13（67 頁）を改訂

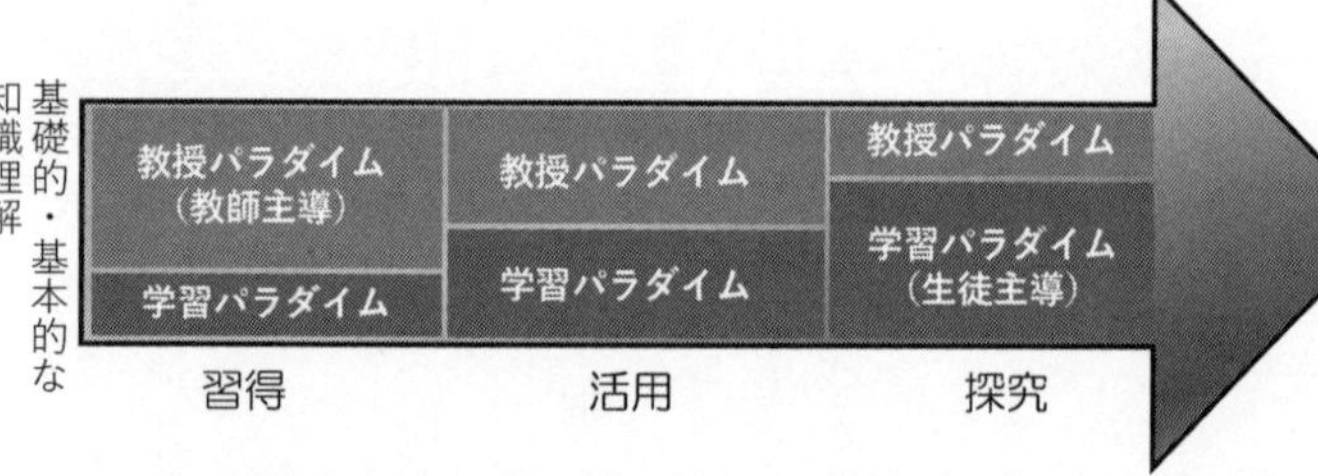

図表 32　習得・活用・探究の学びの過程で教授パラダイムから学習パラダイムのウェイトが上がっていく

は教授パラダイムを基礎として、教授学習活動を豊かに拡張・発展させるものである。その特徴を示した図式が図表31である。

先の議論に繋げる。習得・活用・探究のあらゆる授業において、教授パラダイムを基礎として、その枠を越える学習パラダイムの活動がある。習得の授業においては、講義＋アクティブラーニングであるアクティブラーニング型授業[158]として、教授パラダイムと学習パラダイムの両方における教授学習活動が実現される。探究的な学習の授業では、生徒主導の学習活動（学習パラダイム）に大きなウェイトが置かれるものの、だからといって教授パラダイムの時間がまったくないわけではない。問いの立て方や情報や資料の収集・整理の仕方などを教師が講義する教授パラダイムの時間は、探究的な学習の授業においてさえ認められるからである。教授パラダイムか学習パラダイムかと二項対立的に捉えるのではなく、習得から活用・探究へと、教授パラダイムのウェイトが下がり、代わりに学習パラダイムのウェイトが上がっていくと捉えるべきものである（図表32を参照）。

このような形で教授パラダイムから学習パラダイムへと教授学習の活動を拡張していくと、基礎・基本を越える、人とは異なる個性的な学習成果の空間が見えてくる。このことは仕事・社会まで敷衍して考えても同じであり、「皆が同じように理解すること、できること」とそれを越える個性との関係も同様に理解されると考えられる。

4　生徒はアクティブラーニングを熱心におこなうが、教師は成果としての手応えを感じない。そこで起こっていることは？

二〇二〇年度より小学校から順次、年次進行で新学習指導要領が実施される運びである。さすがにどの学校でも多かれ少なかれ主体的・対話的で深い学び、アクティブラーニングの取り組みは進んできたように見える。実質的な取り組みの質には温度差が相当あるものの、取り組みが進んできたことは喜ばしいことである。

他方で、実践が進んできたことで、これまであまり取り上げられてこなかった新たな問題も示されるようになってきた。その一つは、生徒はペア・グループワーク、発表などのアクティブラーニングを熱心におこなうものの、教師が成果としての手応えを感じないというものである。ここでは、次の二つの問題について私のリプライをおこなう。

①生徒のテストの成績が上がらないという手応えのなさ
②生徒が与えられる以上の頑張りを示さない、ほどほどの学びで満足してしまうことからくる手応えのなさ

①についてである。この問題については多くの場合、生徒の家庭学習がしっかりなされていない

ことに原因がある。

アクティブラーニングにどんなに熱心に取り組んでも、それは深い理解や深い学びを促すためであって、それだけで学んだことが記憶に定着するわけではない。アクティブラーニングは自己と関連づけた作業となることが多いので（第1章、第3章「7」を参照）、講義を聴くだけの学習に比べれば知識の記憶保持はより良いものとなりやすいことは確かである。しかし、それも程度の問題である。理解したことを記憶に定着させ、扱われた用語や知識を覚えるためには、復習や暗記、繰り返し問題を解くなど、授業外での学習を時間をかけておこなう必要がある。要は家庭学習をしっかりおこなうことが必要である。

実力テストや模擬試験、大学入試まで拡げて見るならば、前記に加えて応用問題にも取り組み、解けるようにならなければならないだろう。高校、大学になれば、授業での学習内容に関連づけて、理屈抜きで覚えなければならない単語や用語、化学式などは膨大な量となり、徹底的に覚え問題を解かなければ、そう簡単にテストの成績は上がらない。

図表33は、京都府南丹市にある園部中学校のアクティブラーニング型授業である。かつては荒れに荒れていた園部中学校で、アクティブラーニング型授業が見事に成立し、今では「あの学習に頑張る園部中学校！」となっている。グループワークの様子は講話シリーズ第2巻で紹介したので[159]、

図表 33　園部中学校のアクティブラーニング型授業

上木広夢教諭（[京都府南丹市立]園部中学校）（地理　中学 2 年生）

※授業の詳細な報告は、溝上慎一の教育論（http://smizok.net/education/）の「（AL 関連の実践）社会的事象を自分事として考えを深める社会科学習の考察」で紹介している

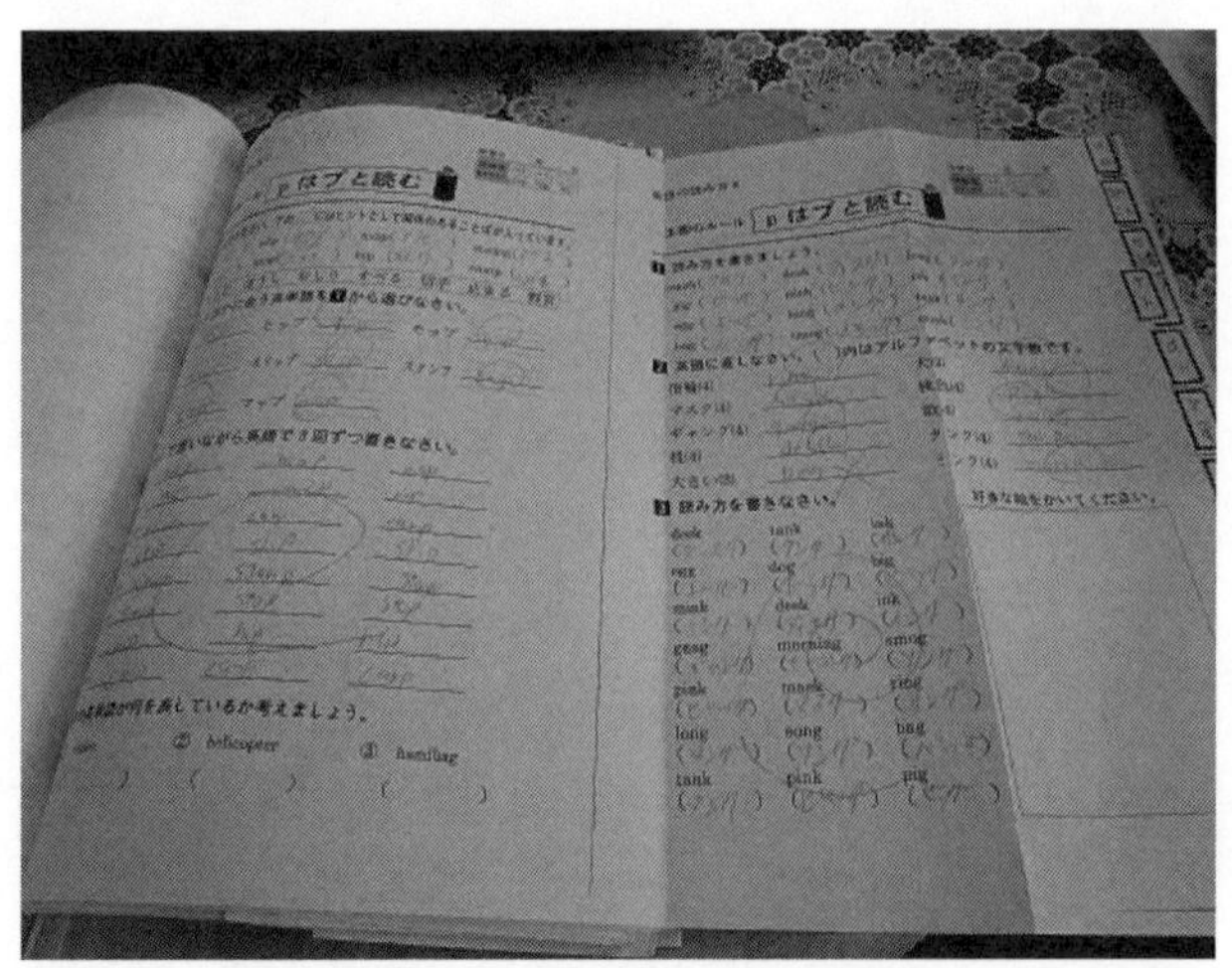

図表 34　家庭学習ファイルと添削（園部中学校）

ここでは講義場面を紹介する。写真は、講義の途中のちょっとした質問を教師に投げかけている場面である。生徒たちは挙手をし（写真左）、一言の発言であっても必ず立って発表する（写真右）。これが学校のルールとなっており、どの学年のどの授業を見てもこの場面は容易に見て取れる。

本節に関連したこの学校の取り組みは、**図表34**の家庭学習ファイルである。授業での理解を定着させるため、覚えないといけない単語や計算がしっかりできるため、このような家庭学習プリントを学校全体で作成し、分担して添削して返している。生徒と教師とのファイルを通したやりとりは、生徒を家庭学習に促し、学校全体の学びに向かう姿勢を着実に向上させている。**図表35**に示すのは成績の変化である。京都府学力診断テスト、全国学力・学習状況調査の結果を京都府全体の平均と比べて、現在の中学３年生が１年時からどのように成績を上げたかを示している。基準表（低い〜高い）に基づき、成績上昇を示す〝やや高い〟〝高い〟が、科目の合計得点や領域等の得点で数多く認められる。

アクティブラーニング型授業あるいは探究的な学習を実施してテストの成績が上がった、入試の実績が上がったと報告する学校があるが、理論的に考えて、それらの活動だけでテストの成績や入試の実績は上がらない。アクティブラーニングや探究的な学習とテストで点を取る学習とでは、生徒に求める学びの質や情報処理が異なるからである。アクティブラーニングや探究的な学習は、深

京都府学力診断テスト	学校名等	国語						
		合計	領域等／観点				問題類型	
		得点	話すこと・聞くこと	書くこと	読むこと	伝国	基礎・基本	活用
1年時	京都府全体	62.7	71.6	61.9	50.5	71.0	65.9	50.0
	本校	64.5	72.4	64.0	51.9	73.6	67.5	52.6
	本校との比較	同程度	同程度	同程度	同程度	やや高い	同程度	やや高い
2年時	京都府全体	69.3	85.2	67.6	59.1	70.8	70.4	64.8
	本校	70.8	87.0	70.8	60.9	70.7	71.3	68.9
	本校との比較	同程度	同程度	やや高い	同程度	同程度	同程度	やや高い

全国学力・学習状況調査	学校名等	国語							
		合計	領域等／観点				問題類型		
		正答率	話すこと・聞くこと	書くこと	読むこと	伝国	選択式	短答式	記述式
3年時	京都府全体	73	70.3	83.8	72.2	68.3	73.7	57.2	77.5
	本校	76	71.6	84.9	75.9	76.3	76.1	69	79.6
	本校との比較	やや高い	同程度	同程度	やや高い	高い	やや高い	高い	同程度

京都府学力診断テスト	学校名等	数学									
		合計	領域				観点			問題類型	
		得点	数と計算	量と測定	図形	数量関係	数学的な考え方	技能	知識・理解	基礎・基本	活用
1年時	京都府全体	60.0	68.0	47.3	54.9	59.0	59.1	60.0	61.6	61.1	55.2
	本校	64.9	74.9	48.7	59.5	63.5	63.5	66.7	64.0	66.2	59.7
	本校との比較	やや高い	高い	同程度	やや高い	やや高い	やや高い	高い	同程度	高い	やや高い
		得点	数と式	関数	図形	資料の活用	数学的な考え方	技能	知識・理解	基礎・基本	活用
2年時	京都府全体	60.5	70.3	60.7	54.8	31.0	59.3	59.8	64.0	63.1	50.0
	本校	62.0	76.4	59.3	58.0	12.0	60.5	62.1	63.4	64.8	50.6
	本校との比較	同程度	高い	同程度	やや高い	低い	同程度	同程度	同程度	同程度	同程度

全国学力・学習状況調査	学校名等	数学										
		合計	領域				観点			問題類型		
		正答率	数と式	関数	図形	資料の活用	数学的な考え方	技能	知識・理解	選択式	短答式	記述式
3年時	京都府全体	61.0	64.5	43.4	72.9	57.1	51.7	67.2	71.5	60.7	68.2	47.9
	本校	66.0	71.7	46.8	72	65.9	54.5	79	75.5	62.2	76	51.9
	本校との比較	高い	高い	やや高い	同程度	高い	やや高い	高い	やや高い	同程度	高い	やや高い

基準	−5	−2.5	0	2.5	5
	低い	やや低い	同程度	やや高い	高い

図表35　中学1年生から3年生にかけての成績の変化

※（京都府南丹市立）園部中学校 提供

い学びや理解、新しい経験に開かれた学習を目指すものであり、ひいては学校から仕事・社会へのトランジション[160]の実現に繋がるものである。他方で、テストで点を取るための学習には、園部中学校の取り組みに見られるような、知識や用語の徹底的な暗記、繰り返しの問題演習が必要である。

だから、以上のように報告する学校では、アクティブラーニング型授業や探究的な学習をおこない、テストで点を取るための学習も促し、実績を上げたのだと考えられる。報告される特色ある取り組みの裏でなされた、報告されていない活動を見抜いていく目が必要である。

次に、②の生徒が与えられる以上の頑張りを示さない、ほどほどの学びで満足してしまうことからくる手応えのなさについてである。これは、中堅の普通科高校でよく聞くコメントである。

各種調査結果や学校からうかがう生徒の様子から考えるに、この原因は生徒のキャリア意識の弱さが関連していると考えられる。第2章の図表19を用いて言えば、拡張的パーソナリティにおける時間・空間的な拡張性が中程度のPタイプ3か、空間的な拡張(社会性)は良くても時間的な拡張(キャリア意識)が弱いａの生徒たちであろうと考えられる。

アクティブラーニングにしっかり取り組むためには、勤勉性だけでなく、他者と議論したり協働したりする志向性を要する。これが空間的な拡張であり、社会性にも繫がるものである。しかし、その議論や協働の質を高めるためには、与えられる問いに答えるだけではなく、「もっといろいろ考えてみたい」「もっと上を目指したい」といった高い目標意識を持ってその実現に向けた取り組みや努力をする必要がある。それは、課題を超えて、中長期的な自身の成長目標を掲げるような取り組みでもあり、私が何者であるかを構築していくアイデンティティ形成の問題ともなる。第3章の図表22「主体的な学習スペクトラム」で言うところの第Ⅲ層の人生型の主体的学習でもある。ここでは、これらをひとくくりにしてキャリア意識の弱さとして論じている。

与えられる課題や場を超えるためには、今ここを超えて、時間・空間的に拡張していかなければならない。空間的な拡張に問題がなければアクティブラーニングは元気よくなされるが、時間的な拡張が弱いと、自身で知らず知らずのうちに学びにブレーキをかけてしまう。目標意識が弱いので、これくらいでいいだろうと思ってしまうのである。

この問題を解決していきたいならば、アクティブラーニングの実践から離れて、キャリア教育を充実させることである。キャリア教育を通して短期・中長期の目標を設定させ、それを実現するために何をおこなえばいいかを考えさせ、そうしてその実現に向けた行動をアセスメントしていくのである。この目標の中に学習を入れていき、キャリア形成と学習とを繋いでいくことも、学校教育では重要な視点となる[161]。取り組みを発展させていきたい。

5　アクティブラーニングと評価

アクティブラーニングと評価について筆者の考えをまとめておく[162]。講演会やセミナーでよく受ける質問の一つである。

まず、教科レベルにおける学習評価の基本的な考え方を確認しよう。

学習評価とは、学習目標（めあて）に基づく学習プロセスや学習成果としての達成を見定める活動である。学習目標に基づく学習プロセスが「形成的評価」と呼ばれ、学習成果としての達成が「総括的評価」と呼ばれていることは、教育関係者にとっての基礎知識であろう。

あらゆる教育活動の起点は目標にある。教育と呼ぶ以上は、目標が活動に先立たなければならない。Ｊ・デューイ[163]の考えを用いて言うならば、教育とは、相互作用と連続性の観点から子どもの経験や認識世界を拡げていく目的的営みである。学習課題や環境との相互作用を経て子どもにどのような経験をさせるのか、どのような知識を授けるのか、その経験や知識によって子どもをどのような未来に誘うのか（連続性）が、教育を考える上での基本的視座である。

目標がすべての教育活動の始まりと言ってよい。アクティブラーニングは、あくまで学習目標を達成するための学習法に過ぎず、その善し悪し、出来は学習目標に照らして見定められるべきものである。目標のないところでアクティブラーニングだけを取り出して、その善し悪しや出来を見定めようとすることはナンセンスである。

評価活動における留意点を３点述べておく。

①評価＝評定ではない

「評価」は、学習目標に基づく学習プロセスの善し悪しや達成の程度を数値化、可視化して、情報化する営みである。「指導と評価の一体化」が謳われており。評価を指導の確認や改善に結びつけることが求められている。それに対して「評定」は、評価を通じて得られた情報の核となる部分をもとに、成績づけや外部への証明、選抜の資料となる判定をおこなうことである。評価＝評定（成績づけ）ではない[164]。

②質的な学習プロセスや達成も評価の対象となる

プロセス評価であれプロダクト評価（評定を含む）であれ、そこでの評価は量的に数値化されるばかりではなく、文章記述などによる質的な学習結果でもいいということである。とくにプロセス評価では、振り返りシートやワークシートに書かれた記述はもちろんのこと、シンキングツール、イメージ化などによって理解や思考が可視化された質的な学習結果も、十分な評価資料となる。それを用いて、学習目標（めあて）に照らした生徒の学習プロセスの善し悪しを評価し、授業や指導の改善、確認をおこなうのである。

もちろん、理解した個別の知識や技能の定着があってこそ、次の学習がより深く、発展的に進むというものである。そのために、伝統的におこなわれてきた客観テスト（小テストを含む）や実技テストなどの量的な結果も重要な評価資料となる。

③ルーブリックを用いたパフォーマンス評価やポートフォリオ評価

単元末のプロダクトとしての学習結果やより高次の資質・能力を測定するときには、ルーブリックを用いたパフォーマンス評価やポートフォリオ評価が有効である。ルーブリックには、期待されるパフォーマンスの特徴が観点ごとに、レベル別に記載されており（記述語）、それを用いることで、パフォーマンス課題やポートフォリオによる質的な成果を量的に評価することができる。

講演会でしばしば、「アクティブラーニングの評価をどのように考えればいいのでしょうか」と質問されることがあるが、形成的評価のレベルで質問をされているのか、総括的評価や評定を念頭に置いて質問をされているのかが不明瞭であり答えにくい。そのあたりの分別から説いてほしいということなのかもしれないが。

私の回答は、前記の評価の基本的な考え方をふまえた上で、アクティブラーニング評価のターゲットは形成的評価にあると考えるものである。

総括的評価や評定（成績づけ）は、学習目標とそれに関連する評価資料（客観的テストやレポート、パフォーマンス、ポートフォリオ等による達成状況を表す学習成果物）に基づいて、生徒がその目標に到達（達成）できたかを総合的に評価・判定（＝評定）することである。それは、総括的評価や評定の考え方の基本中の基本であり、アクティブラーニングの評価と取り立てて説かれるべきことではない。これは前述したことの確認である。

アクティブラーニングの評価として焦点が当てられるべきは形成的評価である。「活動あって学

It was interesting to read other students' comments about the last lecture and discuss them.
In Finland we don't have an official ranking of universities. This is why it does not matter so much which university one has graduated from. The most important thing in getting a job is one's personal abilities. Of course having a degree is also importan
I was a little surprised that so many Kyodai students had problems getting a job / getting their 1st choice jobs.
On the other hand it is good to see that good communication skills and other personal abilities matter in getting a job in Japan.

I was surprised that there are more than 30 persents of Kyoto University students who dont succeede in getting job.
I learned also it's just a essential qualifier to get position in a company whether they graduated from top university or not.

図表36　振り返りの2例

※筆者の留学生対象の英語講義（〝Universities and University Students in Today's Japan〟）より

びなし」などと揶揄されるアクティブラーニングへの批判は、この形成的評価がしっかりできていない教師から出てくる場合が多い。

もっともここで言う形成的評価は、これまで説かれてきた、一授業内の教授学習活動結果を次の授業に繋げて改善する形成的評価と違い、もっと時間スパンが短い学習プロセスまでを対象とする。具体的にいえば、「外化」というアクティブラーニングの本質的な活動から可視化されるもののすべてが評価の対象である。従来のものを「メゾ(中間)レベルの形成的評価」と呼ぶならば、アクティブラーニングが新たに追加する評価は「ミクロレベルの形成的評価」と呼べるものである。

形成的評価を、メゾレベルだけでなくミクロレベルの学習プロセスまで拡げて、アクティブラーニングの評価論として説こう。「アクティブラーニングも主体的・対話的で深い学びも、ポイントは外化にあり」[165]に繋げて、アクティブラーニングの評価は〝外化〟の姿にありと説きたい。

二つの事例を紹介する。

図表36は、私が大学で留学生を対象に教えていた授業におけるワークシート振り返り部分である。まずは、分量の問題を指摘する。多くの学生は左に示される分量で書いてくる。私は、「（ワークシートの）空欄が埋まるように振り返りを書きなさい。その時間もとります」と指示しているからである。それでも右の例に示すような学生の記述が出てくる。改善を促す。

また、内容の問題がある。「おもしろかった」「考えさせられた」とだけ書き、「何がおもしろかったのか」「何を考えさせられたのか」がまったくわからない記述がある。「何が」「何を」をしっかり書かないと、学習の質を高める振り返りにはならない。

これらは、多くの教員がこれまでもおこなってきた定番の形成的評価であり、メゾレベルの形成的評価と呼べるものである。

他方で、外化する際の態度や姿勢を即座にアセスメントするという、メゾレベルの形成的評価よりも時間スパンが短いミクロレベルの形成的評価がある。アクティブラーニングを導入しながらも生徒がしっかり取り組まない授業、しばしば「活動あって学びなし」と揶揄される授業は、このミクロレベルの形成的評価が十分でない授業であることが多い。

図表37は、（山形県）庄内総合高校におけるアクティブラーニング型授業の場面である。グループ

図表 37　アクティブラーニング型授業　[左] 1年目　[右] 2年目
※[山形県]庄内総合高等学校(いずれも数学Ⅰ　高校1年生)
※溝上(2018a)、図表6(15頁)、図表7(20頁)より

ワークをおこない、あるグループの生徒がその結果について発表している場面である。左の写真は、アクティブラーニング型授業を始めた頃のものである。発表する生徒は声が小さく、意欲が見られなかった。あからさまに聴いていない生徒も見られた。しかし、教師は「声を大きく」「みんなに聞こえるように」「人の発表をしっかり聴く」などの指示や注意もしなかった。発表が終わり、教師は「皆さん、拍手」と言った。しらけた拍手が教室に響いた。

右は、同教師の一年後の授業である。生徒は大きな声で一生懸命発表をおこない、聴く側は傾聴姿勢をとって発表を聴いた。教師もそのような生徒の姿勢や態度を年度当初から指導していた。「人の話をしっかり聴く」と抽象的に言ってもわからない生徒に、身体を発表者側に向けて(これを「傾聴姿勢」と呼ぶ)、聴くことを指導する。聴くという活動を外化を通して指導したのである。毎回、毎回うるさく指導する必要はないが、学期はじめの1、2回や中だるみしてくる頃に、傾聴姿勢の指導を入れると効果的である[166]。

アクティブラーニングの基本である〝書く〟〝話す〟〝発表する〟等の「外化」の活動をさせると、生徒は何を学んだか、何を考えたか、さらには課題や授業に取り組む姿勢や意欲はどのようなものであるかが可視化される。新学習指導要領の資質・能力の三つの柱に基づけば、「何を知っているか、何ができるか（個別の知識・技能）」「知っていること、できることをどう使うか（思考力・判断力・表現力等）」「どのように社会・世界と関わり、よりよい人生をどう過ごすか（学びに向かう力、人間性等）」を可視化させることとも言える。外化なしに資質・能力を育てることは不可能である。

生徒の外化したミクロレベルの姿を形成的評価の対象として、授業改善や指導をおこなっていくというのが、私の主張である。ここでの外化には、〝書く〟〝話す〟〝発表する〟等のあらゆるアクティブラーニングの活動が対象となる。先の事例で示したように、〝書く〟ものの分量やその質を指導する。〝話す〟〝発表する〟の意欲や姿勢、内容を指導する。〝書く〟ものは提出されたものを見ないとわからないことが多いが、〝話す〟〝発表する〟の姿勢や態度はその場で指導することができる。もちろん、学期はじめや活動前に期待される〝話す〟〝発表する〟がガイドされているだろうから、外化の姿が期待通りのものにならないなら、それこそが形成的評価の対象となり、改善が求められる。

それにしても、外化した生徒の姿をここまで評価の対象とすべきなのだろうか。私は、「生徒の様子や授業全体の雰囲気を考慮して」と、緩やかに制約を付けて、必要なことだと考える。と言うのも、外化した生徒の姿が、授業一回性の姿でとどまらず、大学進学後、さらには学校卒業後の仕事の仕方や社会生活の過ごし方に影響を及ぼすと考えられるからである。ここに、新学習指導要領で前面に出てきている資質・能力（とくに思考力・判断力・表現力等）の育成課題が絡む。それを支持するデータも次々と上がってきている。さらには、その姿が高校生の終わりや大学生にもなると大きくは変わりにくいというデータも上がってきている[167]。

何のためのアクティブラーニングか。私は、変わる社会をにらんだ学校教育の社会的機能の見直し、学校から仕事・社会へのトランジションを円滑に促すためだと答えてきた。生徒は何のために学校で学ぶのか。将来、大人になって仕事・社会に出て、力強く生きていくためではないのか。それに、外化した姿が関連していると理解されるならば、先に示した事例のような、ミクロレベルにおける一回、一場面の外化された学習プロセスでの指導や介入が重要となる。一瞬一瞬が勝負である。

注

129 はじめに注2を参照。
130 第2章注76を参照。
131 中央教育審議会『学士課程教育の構築に向けて（答申）』（二〇〇八年一二月二四日）を参照。
132 はじめに注2を参照。

133　はじめに注2を参照。
134　ガードナー（2003）を参照。
135　第2章注75を参照。
136　溝上慎一責任編集（2018）、第2章注84を参照。
137　セネット（1999）、ii～iii頁を参照。本書での「個性」はcharacterの訳である。訳書では主に「人間性」、時々「性格」と訳されているが、本書では「個々人のcharacter」（ii頁）とあることから「個性」と訳した。
138　第1章注52を参照。
139　第2章注76を参照。
140　出自の社会経済的地位や文化資本が根深い教育格差を生み出している。最近のデータや資料をふまえたものとして松岡（2019）を参照。
141　日本が西洋への「追いつけ、追い越せ」の段階を終えたとするのは、通商産業省産業構造審議会（1980）のレポートにおいて認められる。個性や創造性を求める産業界や社会の動向は、飯吉（2008）に詳しい。
142　第2章注75を参照。
143　梶田（1987）を参照。
144　教育課程審議会『幼稚園、小学校、中学校及び高等学校の教育課程の基準の改善について（答申）』（一九八七年一二月二四日）、1頁より。
145　はじめに注2を参照。
146　同章注137を参照。
147　二宮（2006）、二宮ほか（2013）を参照。
148　オルポート（1982）、40頁より。

149 Damon (1983) を参照。
150 第2章注76を参照。
151 第1章注52を参照。
152 安彦 (2016) を参照。
153 ウィギンズ・マクタイ (2012) を参照。
154 はじめに注2を参照。
155 はじめに注1を参照。
156 はじめに注2を参照。
157 Tagg (2003)、37〜38頁より。
158 溝上 (2014a) を参照。
159 はじめに注2、173〜176頁を参照。
160 第2章注76を参照。
161 溝上責任編集 (2018)、第2〜4章を参照。
162 本節は、『教育科学 国語教育』連載第10〜11回 (No.829-830) (二〇一九年一〜二月) の「アクティブラーニングの評価」「アクティブラーニング評価論の第一はミクロレベルの形成的評価」をもとに加筆・修正したものである。教育・学習評価、アクティブラーニングの評価に関しては、下記の著書を参考にした。

・松下佳代・石井英真 (編) (2016). アクティブラーニングの評価 (アクティブラーニング・シリーズ第3巻) 東信堂

・西岡加名恵 (編) (2016). 資質・能力を育てるパフォーマンス評価　明治図書

・西岡加名恵・石井英真 (編) (2019). 教科の「深い学び」を実現するパフォーマンス評価―「見方・考え方」をどう育てるか―　日本標準

・西岡加名恵・石井英真・田中耕治（編）（2015）．新しい教育評価入門─人を育てる評価のために─　有斐閣コンパクト

163　デューイ（2000）を参照。

164　石井（2016）を参照。

165　はじめに注2の75～83頁より。

166　庄内総合高校の事例や傾聴姿勢について、はじめに注1の第1章を参照。

167　第2章注89を参照。

文　献

Allport, G. W., & Odbert, H. S.（1936）Trait-names: A psycho-lexical study. *Psychological Monographs*, 47（1）, i-171.

Bamberg, M. G.（1997）Positioning between structure and performance. *Journal of Narrative and Life History*, 7 (1-4), 335-342.

Bandura, A.（1977）Self-efficacy: Toward a unifying theory of behavioral change. *Psychological Review*, 84, 191-215.

Bandura, A.（1982）Self-efficacy mechanism in human agency. *American Psychologist*, 37 (2), 122-147.

Bandura, A.（1989）Human agency in social cognitive theory. *American Psychologist*, 44(9), 1175-1184.

Bandura, A.（1991）Self-regulation of motivation through anticipatory and self-reactive mechanisms. In R. A. Dienstbier（Ed.）, *Perspectives on motivation*. Lincoln: University of Nebraska Press. pp.69-164

Bandura, A.（1997）*Self-efficacy: The exercise of control*. New York: W. H. Freeman.

Bandura, A.（2001）Social cognitive theory: An agentic perspective. *Annual Review of Psychology*, 52（1）, 1-26.

Becker, E.（1971）*The birth and death of meaning: An interdisciplinary perspective on problem of man*. Second edition. New York: The Free Press.

Brown, A.（1987）Metacognition, executive control, self-regulation, and other more mysterious mechanisms. In F. E. Weinert, & R. H. Kluwe（Eds.）, *Metacognition, motivation, and understanding*. Hillsdale, NJ: Lawrence Erlbaum Associates. pp.65-116

Carver, C. S.,& Scheier, M. F.（1978）Self-focusing effects of dispositional self-consciousness, mirror presence, and audience presence. *Journal of Personality and Social Psychology*, 36, 324-332.

Côté, J. E., & Levine, C. G. (2002) *Identity formation, agency, and culture: A social psychological synthesis*. New Jersey: Lawrence Erlbaum Associates.

Côté, J. E., & Levine, C. G. (2016) *Identity formation, youth, and development: A simplified approach*. New York: Psychology Press.

Cronbach, L. J. (1957) The two disciplines of scientific psychology. *American Psychologist*, 12, 671-684.

Damon, W. (1983) *Social and personality development*. New York: W. W. Norton.

Damon, W., & Hart, D. (1988) *Self-understanding in childhood and adolescence*. Cambridge: Cambridge University Press.

Deci, E. L. (1971) Effects of externally mediated rewards on intrinsic motivation. *Journal of Personality and Social Psychology*, 18(1), 105-115.

Deci, E. L. (1975) *Intrinsic motivation*. New York: Plenum Press.

Deci, E. L., & Ryan, R. M. (1985) *Intrinsic motivation and self-determination in human behavior*. New York: Plenum Press.

Deci, E. L., & Ryan, R. M. (2011) Self-determination theory. In P. A, M. Van Lange, A. W. Kruglanski, & E. T. Higgins, (Eds.), *Handbook of theories of social psychology*. Volume 1. Los Angels: SAGE. pp.416-433

Deci, E. L., & Ryan, R. M. (2012) Motivation, personality, and development within embedded social contexts: An overview of self-determination theory. In R. M. Ryan (Ed.), *The Oxford handbook of human motivation*. New York: Oxford University Press. pp.85-107

Digman, J. M., & Takemoto-Chock, N. K. (1981) Factors in the natural language of personality: Re-analysis, comparison, and interpretation of six major studies. *Multivariate Behavioral Research*, 16, 149-170.

Goldberg, L. R. (1981) Language and individual differences: The search for universals in personality lexicons. *Review of Personality and Social Psychology*, 2, 141-165.

Goldberg, L. R. (1992) The development of markers for the Big-Five factor structure. *Psychological Assessment*, 4(1), 26-42.

Gortner, S. R., & Jenkins, L. S. (1990) Self-efficacy and activity level following cardiac surgery. *Journal of Advanced Nursing*, 15, 1132-1138.

Hermans, H. J. M. (2004) The dialogical self: Between exchange and power. In H. J. M. Hermans, & G. Dimaggio (Eds.) , *The dialogical self in psychotherapy*. Hove, East Sussex: Brunner-Routledge. pp.14-28.

Hermans, H. J. M., & Hermans-Jansen, E. (1995) *Self-narratives: The construction of meaning in psychotherapy*. New York: Guilford Press.

Hermans, H. J. M., & Hermans-Konopka, A. (2010) *Dialogical self theory: Positioning and counter-positioning in a globalizing society*. Cambridge: Cambridge University Press.

John, O. P., & Srivastava, S. (1999) The Big Five trait taxonomy: History, measurement, and theoretical perspectives. In L. A. Pervin, & O. P. John (Eds.) , *Handbook of personality: Theory and research*, 2nd ed. New York: NY: The Guilford Press. pp.102-138.

Markus, H., & Nurius, P. (1986) Possible selves. *American Psychologist*, 41, 954-969.

Markus, H., & Nurius, P. (1987) Possible selves: The interface between motivation and the self-concept. In K. Yardley, & T. Honess (Eds.) , *Self and identity: Psychosocial perspectives*. John Wiley & Sons. pp.157-172.

McCrae, R. R., & Costa, P. T. (1987) Validation of the five-factor model of personality across instruments and observers.

Journal of Personality and Social Psychology, 52(1), 81-90.

McCrae, R. R., & John, O. P.（1992）An introduction to the five-factor model and its applications. *Journal of Personality*, 60(2), 175-215.

Noller, P., Law, H., & Comrey, A. L.（1987）Cattell, Comrey, and Eysenck personality factors compared: More evidence for the five robust factors? *Journal of Personality and Social Psychology*, 53(4), 775-782.

Reeve, J.（2012）A self-determination theory perspective on student engagement. In S. L. Christenson, A. L. Reschly, & C. Wylie（Eds.）, *Handbook of research on student engagement*. New York: Springer. pp. 149-172.

Ries, A., & Trout, J.（1981）*Positioning: The battle for your mind*. New York: McGraw-Hill.

Rosenthal, D. A., Gurney, R. M., & Moore, S. M.（1981）From trust to intimacy: A new inventory for examining Erikson's stages of psychosocial development. *Journal of Youth and Adolescence*, 10(6), 525-537.

Ryan, R. M., & Deci, E. L.（2000）Intrinsic and extrinsic motivations: Classic definitions and new directions. *Contemporary Educational Psychology*, 25, 54-67.

Schön, D. A.（1983）*The reflective practitioner: How professionals think in action*. New York: Basic Books.

Schwartz, S. J., Zamboanga, B. L., Wang, W., & Olthuis, J. V.（2009）Measuring identity from an Eriksonian perspective: Two sides of the same coin? *Journal of Personality Assessment*, 91(2), 143-154.

Snow, R. E.（1991）Aptitude-treatment interaction as a framework for research on individual differences in psychotherapy. *Journal of Consulting and Clinical Psychology*, 59(2), 205-216.

Tagg, J.（2003）*The learning paradigm college*. Bolton, Massachusetts: Anker.

Tomasello, M.（1995）Understanding the self as social agent. In P. Rochat（Ed.）, *The self in infancy: Theory and research.* Amsterdam, North-Holland: Elsevier. pp.449-460.

Tulving, E.（2002）Episodic memory: From mind to brain. *Annual Review of Psychology*, 53, 1-25.

青木孝悦（1971）性格表現用語の心理・辞典的研究―455語の選択、分類および望ましさの評定―　心理学研究、42（1）、1～13頁

浅野智彦（2006）若者の現在　浅野智彦（編）　検証・若者の変貌―失われた10年の後に―　勁草書房　233～260頁

浅野智彦（2011）若者の気分―趣味縁からはじまる社会参加―　岩波書店

安彦忠彦（2016）習得から活用・探究へ　溝上慎一（編）高等学校におけるアクティブラーニング：理論編（アクティブラーニングシリーズ第4巻）　東信堂　62～93頁

飯島宗享（1992）自己について　未知谷

飯吉弘子（2008）戦後日本産業界の大学教育要求―経済団体の教育言説と現代の教養論―　東信堂

池辺さやか・三國牧子（2014）自己効力感研究の現状と今後の可能性　九州産業大学国際文化学部紀要、57、159～174頁

石井英真（2016）はじめに　松下佳代・石井英真（編）　アクティブラーニングの評価（アクティブラーニング・シリーズ第3巻）　東信堂　iii～iv頁

石田潤（2010）内発的動機づけ論としてのフロー理論の意義と課題　人文論集（兵庫県立大学）、45、39～47頁

岩間夏樹（1995）戦後若者文化の光芒　日本経済新聞社

ウィギンズ・G、マクタイ・J（著）西岡加名恵（訳）（2012）理解をもたらすカリキュラム設計―「逆向き設計」の理論と方法―　日本標準

江本リナ（2000）自己効力感の概念分析　日本看護科学会誌、20（2）、39～45頁

大久保街亜（2011）表象　道又爾・北﨑充晃・大久保街亜・今井久登・山川恵子・黒沢学（著）新版 認知心理学―知のアーキテクチャを探る―　有斐閣アルマ　131～164頁

大西好宣（2019）グローバル時代における多重知能理論の再考―研究推進のための予備的考察と提言―　千葉大学人文公共学研究論集、38、277～291頁

岡本依子・菅野幸恵・塚田（城）みちる（2004）エピソードで学ぶ乳幼児の発達心理学―関係のなかでそだつ子どもたち―　新曜社

小此木啓吾（1985）モラトリアム人間を考える　中公文庫

オルポート・G・W（著）詫摩武俊・青木孝悦・近藤由紀子・堀正（訳）（1982）パーソナリティ―心理学的解釈―　新曜社

ガードナー・H（著）黒上晴夫（監訳）（2003）多元的知能の世界―MI理論の活用と可能性―　三晃書房

香川秀太（2012）看護学生の越境と葛藤に伴う教科書の「第三の意味」の発達―学内学習―臨地実習間の緊張関係への状況論的アプローチ―　教育心理学研究、60、167～185頁

鹿毛雅治（2019）授業という営み―子どもとともに「主体的に学ぶ場」を創る―　教育出版
梶田叡一（1987）真の個性教育とは　国土社
金川智恵（2012）社会心理学における自己論の流れ　梶田叡一・溝上慎一（編）自己の心理学を学ぶ人のために　世界思想社　4～24頁
河井亨（2017）リフレクションのプロセス・モデルの検討―Schön の省察的実践論と Engeström の探究的学習モデルの縫合―　京都大学高等教育研究、23、59～68頁
熊谷高幸（2004）「心の理論」成立までの三項関係の発達に関する理論的考察―自閉症の諸症状と関連して―　発達心理学研究、15（1）、77～88頁
小谷敏（編）（1993）若者論を読む　世界思想社
コテ・J・E、レヴィン・C・G（著）河井亨・溝上慎一（訳）（2020）若者のアイデンティティ形成―学校から仕事へのトランジションを切り抜ける―　東信堂
子安増生・木下孝司（1997）〈心の理論〉研究の展望　心理学研究、68（1）、51～67頁
齋藤純一（2000）公共性　岩波書店
齋藤純一（2003）まえがき　齋藤純一（編）親密圏のポリティックス　ナカニシヤ出版　i～viii頁
坂上貴之（1999）動因低減説　中島義明・安藤清志・子安増生・坂野雄二・繁桝算男・立花政夫・箱田裕司（編）心理学辞典　有斐閣　621頁
榊原志保（2003）道徳性の発達理論　徳永正直・堤正史・宮嶋秀光・林泰成・榊原志保　道徳教育論―対話による対話への教育―　ナカニシヤ出版　71～101頁

相良順子（2008）幼児・児童期のジェンダー化　青野篤子・赤澤淳子・松並知子（編）　ジェンダーの心理学ハンドブック　ナカニシヤ出版　3～19頁

櫻井茂男（2009）自ら学ぶ意欲の心理学―キャリア発達の視点を加えて―　有斐閣

櫻井茂男（2012）夢や目標をもって生きよう！―自己決定理論―　鹿毛雅治（編）　モチベーションをまなぶ12の理論―ゼロからわかる「やる気の心理学」入門！―　金剛出版　45～72頁

佐藤德（2016）自尊感情の進化―関係性モニターとしての自尊感情―　中間玲子（編）　自尊感情の心理学―理解を深める「取扱説明書」―　金子書房　172～191頁

佐藤浩一（2008）自伝的記憶研究の方法と収束的妥当性　佐藤浩一・越智啓太・下島裕美（編）　自伝的記憶の心理学　北大路書房　2～18頁

佐藤浩一（2011）自己と記憶　日本認知心理学会（監修）太田信夫・厳島行雄（編）　記憶と日常　北大路書房　180～207頁

佐藤浩一（2013）自伝的記憶　日本認知心理学会（編）　認知心理学ハンドブック　有斐閣ブックス　166～167頁

佐藤学（1995）学びの対話的実践へ　佐伯胖・藤田英典・佐藤学（編）学びへの誘い　東京大学出版会　49～91頁

佐藤学（1996）現代学習論批判―構成主義とその後　堀尾輝久・奥平康照・田中孝彦・佐貫浩・汐見稔幸・太田政男・横湯園子・須藤敏昭・久冨善之・浦野東洋一（編）学校の学び・人間の学び　柏書房　154～187頁

佐藤学（2001）専門家像の転換―反省的実践家へ―　ショーン・D（著）佐藤学・秋田喜代美（訳）専門家の知恵―反省的実践家は行為しながら考える―　ゆみる出版　1～11頁

三宮真智子（2008）メタ認知―学習力を支える高次認知機能―　北大路書房

ジェームズ・W（著）今田寛（訳）（1992）心理学（上）　岩波文庫

スキナー・B・F（著）河合伊六・長谷川芳典・高山巌・藤田継道・園田順一・平川忠敏・杉若弘子・藤本光孝・望月昭・大河内浩人・関口由香（訳）（2003）科学と人間行動　二瓶社

セネット・R（著）斎藤秀正（訳）（1999）それでも新資本主義についていくか―アメリカ型経営と個人の衝突―　ダイヤモンド社

高橋弘司（1993）組織社会化研究をめぐる諸問題―研究レビュー―　経営行動科学、8（1）、1～22頁

田島充士（2016）学問知と実践知との往還を目指す大学教育―学校インターンシップにおける共創的越境―　中村直人・溝上慎一・森下覚（編）学校インターンシップの科学―大学の学びと現場の実践をつなぐ教育―　ナカニシヤ出版　1～28頁

舘野泰一（2016）職場で主体的に行動できる人は、どのような大学生活を過ごしてきたか―大学での学び・生活が入社後のプロアクティブ行動に与える影響―　舘野泰一・中原淳（編）アクティブトランジション―働くためのウォーミングアップ―　三省堂　114～124頁

舘野泰一・中原淳（編）（2016）アクティブトランジション―働くためのウォーミングアップ―　三省堂

ダンロスキー・J、メトカルフェ・J（著）湯川良三・金城光・清水寛之（訳）（2010）メタ認知―基礎と応用―　大路書房

チクセントミハイ・M（著） 今村浩明（訳）（2000）楽しみの社会学　新思索社

通商産業省産業構造審議会（編）（1980）80年代の通産政策ビジョン　財団法人通商産業調査会

都筑学・白井利明（編）（2007）時間的展望研究ガイドブック　ナカニシヤ出版

デューイ・J（著）河村望（訳）（2000）学校と社会・経験と教育（デューイ＝ミード著作集7）　人間の科学社

土井隆義（2004）「個性」を煽られる子どもたち―親密圏の変容を考える―　岩波ブックレット№633

中原淳（2010）職場学習論―仕事の学びを科学する―　東京大学出版会

中間玲子（2016a）はじめに　中間玲子（編）　自尊感情の心理学―理解を深める「取扱説明書」―　金子書房　i〜vii頁

中間玲子（2016b）「自尊感情」概念の相対化　中間玲子（編）　自尊感情の心理学―理解を深める「取扱説明書」―　金子書房　192〜215頁

中村恵子（2001）教育における構成主義　現代社会文化研究（新潟大学大学院現代社会文化研究科）、21、283〜297頁

中村恵子（2007）構成主義における学びの理論―心理学的構成主義と社会的構成主義を比較して―　新潟青陵大学紀要、7、167〜176頁

二宮克美（2006）パーソナリティとキャラクター　二宮克美・子安増生（編）　パーソナリティ心理学　新曜社　2〜5頁

二宮克美・浮谷秀一・堀毛一也・安藤寿康・藤田主一・小塩真司・渡邊芳之（編）（2013）パーソナリティ心

理学ハンドブック　福村出版
ハーマンス・H・J・M、ケンペン・H・J・G（著）溝上慎一・水間玲子・森岡正芳（訳）（2006）対話的自己―デカルト／ジェームズ／ミードを超えて―　新曜社
畑野快・杉村和美・中間玲子・溝上慎一・都筑学（2014）エリクソン心理社会的段階目録（第5段階）12項目版の作成　心理学研究、85(5)、482～487頁
ハルトマン・H（著）霜田静志・篠崎忠男（訳）（1967）自我の適応―自我心理学と適応の問題―　誠信書房
バンデューラ・A（著）原野広太郎（監訳）（1979）社会的学習理論―人間理解と教育の基礎―　金子書房
平岩国泰（2019）「自己肯定感」育成入門―子供のやってみたいをぐいぐい引き出す！―　夜間飛行
堀内孝（1995）自己関連づけ効果の解釈をめぐる問題　名古屋大学教育学部紀要（教育心理学科）、42、157～170頁
堀内孝（2013）記憶と自己　日本認知心理学会（編）認知心理学ハンドブック　有斐閣ブックス　170～171頁
松岡亮二（2019）教育格差―階層・地域・学歴―　ちくま新書
ミード・G・H（著）河村望（訳）（1995）精神・自我・社会　人間の科学社
溝上慎一（2008）自己形成の心理学―他者の森をかけ抜けて自己になる―　世界思想社
溝上慎一（2010）現代青年期の心理学―適応から自己形成の時代へ―　有斐閣選書
溝上慎一（2014a）アクティブラーニングと教授学習パラダイムの転換　東信堂
溝上慎一（2014b）自己―他者の構図から見た越境の説明―アクティブラーニングの潮流に位置づけて―　富田英司・田島充士（編）大学教育―越境の説明をはぐくむ心理学―　ナカニシヤ出版　221～230頁

溝上慎一（2018a）アクティブラーニング型授業の基本形と生徒の身体性（学びと成長の講話シリーズ1）東信堂
溝上慎一（2018b）学習とパーソナリティ―「あの子はおとなしいけど成績はいいんですよね！」をどう見るか―（学びと成長の講話シリーズ2）東信堂
溝上慎一（2018c）大学生白書2018―いまの大学教育では学生を変えられない― 東信堂
溝上慎一（責任編集）京都大学高等教育研究開発推進センター・河合塾（編）（2015）どんな高校生が大学、社会で成長するのか―「学校と社会をつなぐ調査」からわかった伸びる高校生のタイプ― 学事出版
溝上慎一（責任編集）京都大学高等教育研究開発推進センター・河合塾（編）（2018）高大接続の本質―「学校と社会をつなぐ調査」から見えてきた課題― 学事出版
矢野智司（2003）「経験」と「体験」の教育人間学的考察―純粋贈与としてのボランティア活動― 市村尚久・早川操・松浦良充・広石英記（編）（2003）経験の意味世界をひらく―教育にとって経験とは何か― 東信堂 33～54頁
山田恒夫（1999）オペラント行動・オペラント条件づけ 中島義明・安藤清志・子安増生・坂野雄二・繁桝算男・立花政夫・箱田裕司（編） 心理学辞典 有斐閣 84～85頁
和栗百恵（2010）「ふりかえり」と学習―大学教育におけるふりかえり支援のために― 国立教育政策研究所紀要、139、85～100頁

あとがき

私は青年期発達、青年期から成人期への移行を研究する青年・発達心理学者である。加えて、前職の関係から、はじめは大学教育を、やがてそれに高校や中学校の教育、高大接続も加えて研究する教育学者である。教育研究はとにかく実践的に取り組むことを心がけてきた。心理学のように、誰々の論がここに位置づいて、あるいははじめにこれを論じたのは誰々で、といった学問的作法はできるだけ横に措き、アクティブラーニングや主体的・対話的で深い学び、資質・能力の育成、学校から仕事・社会へのトランジション（移行）など、それらの現場への普及、発展を直接的に手助けする仕事を実践的におこなってきた。

そんな私の教育研究ではあるが、近年の学習論を、私の心理学における専門的関心でもある自己と他者、パーソナリティ、エージェンシーの観点から論じてみたいと思うようになった。学習指導要領も改訂され、アクティブラーニングや主体的・対話的で深い学びなどの論が一定程度出そろい落ち着く中、抽象度を上げてそれらの概念を俯瞰的に整理したいという欲求が出てきたのである。それが本書である。

もっとも、本書の第1章で自己と他者の観点から学習を論じるというのは、三〇年近く高校教員を務めた妻からのリクエストでもあった。「心理学で自己と他者について専門的に研究してきたんだから、その観点から教育や学習について論じることも、学校現場の実践的な発展に繋がると思うよ」と再三助言をくれたことを実現したものである。「そんなものかなあ」と半信半疑だったが、書き始めると、ペア・グループワークや前に出てきて発表、リフレクション（振り返り）、そして自己内対話など、アクティブラーニングの基本的活動のいずれもが、自己と他者の観点から一貫して理解されることを、書きながら知った。こんな視点を与えてくれた妻に感謝である。

とは言え、抽象度が高く難解な自己と他者の観点から、これだけ具体的な教育実践へと繋げ落とし込んでいく作業は、かなり困難を極め時間を要した。紙面も限られていた。自己と他者の観点だけで学習を論じるのでは誤解を招く恐れがあるとも感じるようになり、第2章の拡張的パーソナリティや第3章のエージェンシーも急遽論じることにした。自己と他者の観点だけでも抽象度が高い論であるところを、そこからさらに二、三段抽象度を上げてしまった感もある。

私の理解が不十分で、十分に論じ切れていないところはあるだろうが、皆さまのコメントを頂戴し、引き続き論や実践的視座を発展させていきたい。

東信堂の下田勝司社長とスタッフの皆さまに、心よりお礼を申し上げたい。東信堂には、厳しい出版事情の中、私の仕事をよく理解し、短い期間で多くの書籍を出版してもらっている。ただただ感謝である。『アクティブラーニングと教授学習パラダイムの転換』(2014年)、『アクティブラーニング・シリーズ全7巻』(2016～2017年)、『大学生白書2018―いまの大学教育では学生を変えられない―』(2018年)に引き続き、この「学びと成長の講話シリーズ」でもお世話になっている。第1巻は『アクティブラーニング型授業の基本形と生徒の身体化』、第2巻は『学習とパーソナリティ―「あの子はおとなしいけど成績はいいんですよね!」をどう見るか―』と題しての出版であった。本書は第3巻目である。

二〇一九年四月に桐蔭学園の理事長になってようやく一年が終わろうとしている。幼稚園・小学校、中学高校の現場からは、その日の児童生徒や学校の様子が毎日四〇、五〇件近くのメール日誌で報告されるようになっている。幼稚園から高校まで約五千人の児童生徒がいる学園である。良い報告も多いが、しんどい報告も多い。児童生徒同士が喧嘩をした、怪我をした、授業をさぼった、最近遅刻が多い、服装が乱れている、掃除の仕方が悪い、注意しても聞かない、バスの中・通学路でのマナーが悪いと地域の方から苦情を受けた、保護者と面談した、などなど。こんな状況は昨年まで大学で教員をしていた私には無縁のものであった。学校現場は、いつ何時(なんどき)弾が飛んでくるかわからない、いわば戦場のようなものだと思うようになった。私は理事長として間接的ではあるが、この学校現場のど真ん中に突っ込んでいった気分である。

児童生徒、教職員が主役の現場であってほしい。そのために私が理事長としてすべきこと、できることが何かを考え続けている。細かいレベルでうまくいかないことは多いが、それでも大きく見れば取り組みは前に進んでいる。私一人のリーダーシップで組織がすぐに変わるわけではない。教職員、児童生徒のいろいろな考えや思いがそれにうまく絡み合って、組織は変わっていく。何かしらが自然と絡み合い、期待する方向性ではないが、結果それでよかったと思える変化に至るものもある。組織は生き物だとよく思う。

本書で桐蔭学園のことはあまり触れていないが、他校や一般的な学校現場の問題を論じるときには、いつも自身の現場である桐蔭学園の状況が頭にある。そういうことを少し念頭に置いて本書を読んでいただくと有難い。

本書が一人でも、一校でも多くの教育関係者に響くものとなることを願って筆を置きたい。

二〇一九年一二月

溝上　慎一

本書で登場する教育実践

以下の学校並びに先生方に、教育実践をご提供いただきました。心より感謝申し上げます。

- **福田周作教諭**　(神奈川県私立)桐蔭学園中等教育学校　第1章「6」図表1、「8」図表5
- **中藤辰哉教諭**　(大阪府私立)清教学園中・高等学校　第1章「7」図表2
- **杉山裕也教諭**　(静岡県)沼津市立沼津高等学校　第1章「7」図表2
- **原田俊子教諭**　秋田大学教育文化学部附属中学校　第1章「7」図表3
- **島田勝美教諭**　秋田大学教育文化学部附属中学校　第1章「7」図表3
- **川嶋一枝教諭**　静岡市立高等学校　第1章「7」図表4
- **近江奈緒子教諭**　(京都府南丹市立)園部第二小学校　第1章「8」図表6
- **佐藤透教諭**　(神奈川県私立)桐蔭学園高等学校　第1章「9」「10」「12」
- **中村嘉宏教諭**　(群馬県)高崎北高等学校　第1章「9」図表7
- **阿津坂優也教諭**　(京都府私立)花園高等学校　第1章「12」図表11
- **米山舜教諭**　(静岡県立)沼津東高等学校　第1章「12」図表11
- **大渕登志世教諭**　(神奈川県私立)桐蔭学園高等学校　第3章「7」図表28
- **松永和也教諭**　(神奈川県私立)桐蔭学園高等学校　第3章「7」図表29
- **上木広夢教諭**　(京都府南丹市立)園部中学校　第4章「4」図表33
- **國府常芳校長**　(京都府南丹市立)園部中学校　第4章「4」図表35
- (山形県)庄内総合高等学校　第4章「4」図表37

【著者紹介】

溝上慎一（みぞかみ　しんいち）

学校法人桐蔭学園理事長　桐蔭横浜大学学長・教授

1970年生まれ。大阪府立茨木高等学校卒業。神戸大学教育学部卒業。京都大学博士（教育学）。1996年京都大学高等教育教授システム開発センター助手、2000年同講師、教育学研究科兼任、2003年京都大学高等教育研究開発推進センター助教授（のち准教授）、2014年同教授。2019年学校法人桐蔭学園理事長、桐蔭横浜大学特任教授、2020年4月より現職。

日本青年心理学会理事、大学教育学会理事、"Journal of Adolescence" Editorial Board委員、公益財団法人電通育英会大学生調査アドバイザー、文部科学省各委員、大学の外部評価・中学・高等学校の指導委員等。日本青年心理学会学会賞受賞。

■専門

専門は、心理学（現代青年期、自己・アイデンティティ形成、自己の分権化）と教育実践研究（生徒学生の学びと成長、アクティブラーニング、学校から仕事・社会へのトランジション、キャリア教育等）。

■主な著書

『自己形成の心理学―他者の森をかけ抜けて自己になる』（2008世界思想社、単著）、『現代青年期の心理学―適応から自己形成の時代へ』（2010有斐閣選書、単著）、『自己の心理学を学ぶ人のために』（2012世界思想社、共編）、『アクティブラーニングと教授学習パラダイムの転換』（2014東信堂、単著）、『高校・大学から仕事へのトランジション』（2014ナカニシヤ出版、共編）、『アクティブラーニング・シリーズ』全7巻監修（2016～2017東信堂）、『アクティブラーニング型授業の基本形と生徒の身体性』（2018東信堂、単著）、『学習とパーソナリティ―「あの子はおとなしいけど成績はいいんですよね！」をどう見るか』（2018東信堂、単著）、『高大接続の本質－どんな高校生が大学、社会で成長するのか2』（2018学事出版、責任編集）等多数。

学びと成長の講話シリーズ 3

社会に生きる個性―自己と他者・拡張的パーソナリティ・エージェンシー　〔検印省略〕

2020年6月30日　初　版第1刷発行　　＊定価はカバーに表示してあります。

著者©溝上慎一(株式会社みぞかみラボ)　発行者／下田勝司　印刷・製本／中央精版印刷株式会社

東京都文京区向丘1-20-6　郵便振替 00110-6-37828　発行所

〒113-0023　TEL (03)3818-5521　FAX (03)3818-5514　株式会社 東信堂

Published by TOSHINDO PUBLISHING CO., LTD.
1-20-6, Mukougaoka, Bunkyo-ku, Tokyo, 113-0023 Japan
E-Mail: tk203444@fsinet.or.jp　http://www.toshindo-pub.com

ISBN978-4-7989-1641-5 C3037

学びと成長の講話シリーズ

- ①アクティブラーニング型授業の基本形と生徒の身体性　溝上慎一　一〇〇〇円
- ②学習とパーソナリティ―「あの子はおとなしいけど成績はいいんですよね！」をどう見るか　溝上慎一　一六〇〇円
- ③社会に生きる個性―自己と他者・拡張的パーソナリティ・エージェンシー　溝上慎一　一五〇〇円

アクティブラーニング・シリーズ

- ①アクティブラーニングの技法・授業デザイン　安永悟・関田一彦・水野正朗 編　一六〇〇円
- ②アクティブラーニングとしてのPBLと探究的な学習　溝上慎一・成田秀夫 編　一八〇〇円
- ③アクティブラーニングの評価　松下佳代・石井英真 編　一六〇〇円
- ④高等学校におけるアクティブラーニング：理論編（改訂版）　溝上慎一 編　一六〇〇円
- ⑤高等学校におけるアクティブラーニング：事例編　溝上慎一 編　二〇〇〇円
- ⑥アクティブラーニングをどう始めるか　成田秀夫　一六〇〇円
- ⑦失敗事例から学ぶ大学でのアクティブラーニング　亀倉正彦　一六〇〇円

- 大学生白書2018―今の大学教育では学生を変えられない　溝上慎一　二八〇〇円
- アクティブラーニングと教授学習パラダイムの転換　溝上慎一　二四〇〇円
- グローバル社会における日本の大学教育―全国大学調査からみえてきた現状と課題　河合塾編著　三八〇〇円
- 大学のアクティブラーニング　河合塾編著　三二〇〇円
- 「学び」の質を保証するアクティブラーニング―3年間の全国大学調査から　河合塾編著　二〇〇〇円
- 「深い学び」につながるアクティブラーニング―全国大学の学科調査報告とカリキュラム設計の課題　河合塾編著　二八〇〇円
- アクティブラーニングでなぜ学生が成長するのか―経済系・工学系の全国大学調査からみえてきたこと　河合塾編著　二八〇〇円
- 社会に通用する持続可能なアクティブラーニング―ICEモデルが大学と社会をつなぐ　土持ゲーリー法一　二〇〇〇円
- ポートフォリオが日本の大学を変える―ティーチング／ラーニング／アカデミック・ポートフォリオの活用　土持ゲーリー法一　二五〇〇円
- ティーチング・ポートフォリオ―授業改善の秘訣　土持ゲーリー法一　二〇〇〇円
- [illegible]―学習改善の秘訣　土持ゲーリー法一　二五〇〇円

〒113-0023　東京都文京区向丘 1-20-6　TEL 03-3818-5521　FAX03-3818-5514　振替 00110-6-37828
Email tk203444@fsinet.or.jp　URL:http://www.toshindo-pub.com/

※定価：表示価格（本体）＋税

東信堂

ネオリベラル期教育の思想と構造—書き換えられた教育の原理　福田誠治　六二〇〇円

世界の外国人学校　福田誠治・末藤美津子 編著　三八〇〇円

アメリカ　間違いがまかり通っている時代—公立学校の企業型改革への批判と解決法　D・ラヴィッチ著　末藤美津子訳　三八〇〇円

教育による社会的正義の実現—アメリカの挑戦（1945-1980）　D・ラヴィッチ著　末藤美津子訳　五六〇〇円

学校改革抗争の100年—20世紀アメリカ教育史　D・ラヴィッチ著　末藤・宮本・佐藤訳　六四〇〇円

アメリカ公立学校の社会史—コモンスクールからNCLB法まで　W・J・リース著　小川佳万・浅沼茂監訳　四六〇〇円

アメリカ学校財政制度の公正化　竺沙知章　三四〇〇円

現代アメリカの教育アセスメント行政の展開—マサチューセッツ州（MCASテスト）を中心に　北野秋男編　四八〇〇円

アメリカ公民教育におけるサービス・ラーニング　唐木清志　四六〇〇円

〔再増補版〕現代アメリカにおける学力形成論の展開—スタンダードに基づくカリキュラムの設計　石井英真　四八〇〇円

ハーバード・プロジェクト・ゼロの芸術認知理論とその実践—内なる知性とクリエティビティを育むハワード・ガードナーの教育戦略　池内慈朗　六五〇〇円

ハーバード法理学アプローチ—高校生に論争問題を教える　渡部・溝口・橋本・三浦・中原訳　三九〇〇円

社会を創る市民の教育—協働によるシティズンシップ教育の実践　大友秀明・桐谷正信 編著　二五〇〇円

現代ドイツ政治・社会学習論—「事実教授」の展開過程の分析　大友秀明　五二〇〇円

現代教育制度改革への提言　上・下　日本教育制度学会編　各二八〇〇円

日本の教育をどうデザインするか　村田翼夫・上田学・岩槻知也 編著　二八〇〇円

協働・対話による社会科授業の創造—授業研究の意味と方法を問い直す　梅津正美編著　三二〇〇円

社会科教育の未来—理論と実践の往還　西村・梅津・伊藤・井上編著　二八〇〇円

社会形成力育成カリキュラムの研究　西村公孝　六五〇〇円

社会科は「不確実性」で活性化する—未来を開くコミュニケーション型授業の提案　吉永潤　二四〇〇円

〒113-0023　東京都文京区向丘1-20-6　TEL 03-3818-5521　FAX03-3818-5514　振替 00110-6-37828
Email tk203444@fsinet.or.jp　URL:http://www.toshindo-pub.com/

※定価：表示価格（本体）＋税

東信堂

大学の組織とガバナンス―高等教育研究論集第1巻	羽田貴史	三五〇〇円
２０４０年 大学よ甦れ―カギは自律的改革と創造的連帯にある	田中弘允・佐藤博明・田原博人 著	二四〇〇円
検証 国立大学法人化と大学の責任―その制定過程と大学自立への構想	田中弘允・佐藤博明・田原博人 著	三七〇〇円
２０４０年 大学教育の展望―21世紀型学習成果をベースに	山田礼子	二八〇〇円
高等教育の質とその評価―日本と世界	山田礼子編著	二八〇〇円
国立大学職員の人事システム―管理職への昇進と能力開発	渡辺恵子	四二〇〇円
国立大学法人の形成	大﨑仁	二六〇〇円
国立大学・法人化の行方―自立と格差のはざまで	天野郁夫	三六〇〇円
大学は社会の希望か―大学改革の実態からその先を読む	江原武一	二〇〇〇円
大学の管理運営改革―日本の行方と諸外国の動向	江原武一・杉本均 編著	三六〇〇円
学長リーダーシップの条件	両角亜希子編著	二六〇〇円
大学経営・政策入門	東京大学 大学経営・政策コース編	二四〇〇円
大学経営とマネジメント	新藤豊久	二五〇〇円
大学改革の処方箋―中長期計画推進・教育改善・職員力向上	篠田道夫	二三〇〇円
大学戦略経営の核心	篠田道夫	三六〇〇円
戦略経営111大学事例集	篠田道夫	三六〇〇円
大学戦略経営論―中長期計画の実質化によるマネジメント改革	篠田道夫	三四〇〇円
私立大学マネジメント	㈳私立大学連盟編	四七〇〇円
私立大学の経営と拡大・再編―一九八〇年代後半以降の動態	両角亜希子	四二〇〇円
カレッジ(アン)バウンド―米国高等教育の現状と近未来のパノラマ	J・J・セリンゴ著 船守美穂訳	三四〇〇円
米国高等教育の拡大する個人寄付	福井文威	三六〇〇円
アメリカ大学史における女性大学教員支援政策	坂本辰朗	三二〇〇円
アメリカ大学史とジェンダー	坂本辰朗	五四〇〇円
アメリカ教育史の中の女性たち―ジェンダー・高等教育・フェミニズム	坂本辰朗	三八〇〇円
アメリカの女性大学：危機の構造	坂本辰朗	二四〇〇円

〒113-0023 東京都文京区向丘 1-20-6　TEL 03-3818-5521　FAX03-3818-5514　振替 00110-6-37828
Email tk203444@fsinet.or.jp　URL:http://www.toshindo-pub.com/

※定価：表示価格（本体）＋税